se trouve A PARIS,

Chez P. Fr. Didot jeune, Libraire, Imprimeur de Monsieur, quai des Augustins.

PAUL ET VIRGINIE.

PAUL

ET

VIRGINIE,

Par JACQUES-BERNARDIN-HENRI
DE SAINT-PIERRE.

AVEC FIGURES.

Miseris succurrere disco. ÆNEID. lib. I.

Prix, papier écu fin d'Essone, 4 liv.

A PARIS,

DE L'IMPRIMERIE DE MONSIEUR.

M. DCC. LXXXIX.

AVEC APPROBATION, ET PRIVILÉGE DU ROI.

AVANT-PROPOS.

JE me suis proposé de grands desseins dans ce petit ouvrage. J'ai tâché d'y peindre un sol et des végétaux différens de ceux de l'Europe. Nos poètes ont assez reposé leurs amans sur le bord des ruisseaux, dans les prairies et sous le feuillage des hêtres. J'en ai voulu asseoir sur le rivage de la mer, au pied des rochers, à l'ombre des cocotiers, des bananiers et des citronniers en fleurs. Il ne manque à l'autre partie du monde que des Théocrites et des Virgiles, pour que nous en ayons des tableaux au moins aussi intéressans que ceux de notre pays. Je sais que des voyageurs pleins de goût nous ont donné des descriptions enchantées de plusieurs îles de la mer du Sud ; mais les mœurs de leurs habitans, et encore plus celles des Européens qui y abordent, en gâtent souvent le paysage. J'ai désiré réunir à la beauté de la nature entre les tropiques, la beauté morale d'une petite société. Je me suis proposé aussi d'y mettre en évidence plusieurs grandes vérités, entre autres celle-ci : que notre bonheur consiste à vivre suivant la nature et la vertu. Cependant, il ne m'a point fallu imaginer de roman pour peindre des familles heureuses. Je puis assurer que celles dont je vais parler ont vraiment existé, et que leur histoire est vraie dans ses principaux événemens. Ils m'ont été certifiés par plusieurs habitans que j'ai connus à l'ile de France. Je n'y ai ajouté que quelques circonstances indifférentes, mais qui, m'étant personnelles, ont encore en cela même de la réalité. Lorsque j'eus formé, il y a quelques années, une esquisse fort imparfaite de cette espèce de pastorale, je priai une belle dame qui fréquentoit le grand monde, et des hommes graves qui en vivoient loin, d'en entendre la lecture, afin de pressentir l'effet qu'elle produiroit sur des lecteurs de caractères si différens : j'eus la satisfaction de leur voir verser à tous des larmes. Ce fut le seul jugement que j'en pus tirer, et c'étoit aussi tout ce que j'en voulois savoir. Mais comme souvent un grand vice marche à la suite d'un petit talent, ce succès m'inspira la vanité de donner à mon ouvrage, le titre de *Tableau de la Nature*. Heureusement, je me rappelai combien la nature même du climat où je suis né m'étoit étrangère; combien, dans des pays où je n'ai vu ses productions qu'en voyageur, elle est riche, variée, aimable, magnifique, mystérieuse, et combien je suis dénué de sagacité, de goût et d'expressions, pour la connoître et la peindre. Je rentrai alors en moi-même. J'ai donc compris ce foible essai sous le nom et à la suite de mes *Études de la Nature*, que le public a accueillies avec tant de bonté, afin que ce titre lui rappelant mon incapacité, le fît toujours souvenir de son indulgence.

AVIS

SUR

CETTE ÉDITION.

J'AI fait faire, sans souscription, cette édition in-18 de PAUL ET VIRGINIE, en faveur des dames qui désirent mettre mes ouvrages dans leur poche; mais je ne peux courir les risques d'une édition entière de tous mes ouvrages, aussi soignée, dans un pareil format, à cause du grand nombre de petits volumes, et des frais qu'en entraîneroit l'impression. D'ailleurs le nombre des souscripteurs étant plus du double plus grand pour une édition in-8° que pour une édition in-18, je me trouve obligé, suivant la promesse que j'en ai fait dans l'avis de mon quatrième volume des Etudes de la Nature, d'ouvrir une souscription pour l'in-8º, que j'ai réduite à une simple inscription, dont le prospectus est à la fin de ce volume.

En attendant, je n'ai rien négligé pour rendre cette édition particulière de Paul et Virginie digne des yeux dont ils ont fait couler les larmes.

1º. M. DIDOT jeune, imprimeur de MONSIEUR, y a employé un caractère tout neuf, et des plus jolis de sa fonderie. De plus, ayant acquis la belle papeterie d'Essone, maintenant papeterie de MONSIEUR, qu'il porte à la perfection, ainsi que son imprimerie, il a imprimé cette édition sur un fort beau papier, et il en a tiré un certain nombre d'exemplaires sur un papier vélin de sa composition, le premier de ce genre qui soit sorti de sa manufacture. Il a fait même examiner feuille à feuille les rames de ce papier, afin d'en retrancher toutes celles qui ne se trouveroient pas de la même nuance: attention bien rare dans les éditions les plus recherchées. Enfin il les a fait passer à son cylindre, pour en satiner l'impression ; de sorte que j'ai trouvé chez lui tous les arts qui peuvent rendre parfaite l'édition d'un livre, et, ce que les arts ne donnent pas toujours, l'affection et le zèle, qui font marcher d'accord plusieurs arts différens.

2°. M. MOREAU le jeune, dessinateur du cabinet du roi, a dessiné les trois premières planches de Paul et Virginie, et en a dirigé la gravure, ainsi que celle de la quatrième, avec cette correction et ce goût, dont le rare assemblage est particulier à ses productions, sur-tout à celles qu'il affectionne. Il a donné à chaque caractère et à chaque site son expression propre ; et quoique le champ en soit très-petit, il y a développé, à l'ordinaire, ses grands talens.

3°. M. VERNET m'a voulu donner une preuve de l'intérêt qu'il prend à la célébrité de mes ouvrages, et, ce qui m'est plus sensible, un témoignage particulier de son amitié, en dessinant dans la quatrième planche, le naufrage et la mort de Virginie. Je me sens aussi flatté du suffrage des artistes, en faveur de mes Études, que de celui des physiciens; car les artistes étudient la nature par des méthodes qui ne sont pas moins sures que des instrumens, et dans des résultats harmoniques aussi intéressans et aussi certains que les causes physiques qui les produisent. Le lecteur sentira donc, comme moi, tout le prix du dessin d'un peintre aussi fameux que M. VERNET, qui, de tous les peintres, a le mieux étudié les harmonies générales de la nature, et en a le mieux rendu l'ensemble dans ses immortels tableaux.

Pour moi, j'ai corrigé dans cette édition, quelques fautes de date et de style qui m'étoient échappées dans celle de mon quatrième volume des Études de la Nature, et j'en ai revu les épreuves avec le plus grand soin.

C'est ici le lieu de dire quelque chose du jugement qu'ont porté quelques journaux, de ce quatrième volume, et particulièrement de Paul et Virginie.

SUR CETTE ÉDITION. xiij

M. le rédacteur du Journal général de France a loué cette pastorale avec enthousiasme. Celui de l'Année littéraire, lui a donné à-peu-près autant d'éloges; mais, entraîné par son goût pour la littérature ancienne, et par le sentiment d'une utilité plus générale, il lui préfère le premier livre de mon Arcadie. Ni l'un ni l'autre n'ont parlé de l'avis en tête de ce quatrième volume, dans lequel j'ai résumé toutes mes preuves en faveur de ma théorie des marées, si importante à l'étude de la nature. Ils se sont conformés sur ce point au silence universel des Journaux, qui regardent cependant les sciences naturelles comme la partie la plus intéressante de leurs extraits. A la vérité, le Mercure de France a effleuré ce sujet dans le préambule du compte qu'il a rendu de Paul et Virginie, le 11 octobre 1788. Mais après avoir altéré quelques-unes de mes preuves, dissimulé les autres, il me renvoie au jugement des académies des sciences, que j'ai accusées d'erreur dans leur hypothése de l'aplatissement des pôles. Ainsi il me donne mes parties pour juges. Toutefois, malgré l'appel qu'il fait de ma cause aux académies, aucune jusqu'à présent n'a voulu la juger. Bien plus, c'est qu'un mois après cette invitation, l'académie de Lyon, loin de rien décider contre moi, a mis en question dans ce même Mercure, l'aplatissement des pôles, cette hypothèse incompatible avec ma théorie des marées, et que j'avois préalablement détruite en particulier par des conséquences géométriques tirées des opérations mêmes de nos astronomes. L'académie de Lyon la met maintenant en problême, et en présente la solution pour sujet du prix de l'année 1790. C'est déja un grand succès pour moi d'avoir mis en doute, dans une assemblée d'hommes sages et éclairés, une opinion appuyée des plus grands noms, et qui, depuis soixante-dix ans, passoit pour une vérité évidente chez tous les géomètres de l'Europe.

M. le rédacteur du Mercure, non content d'avoir décidé que je n'avois rien prouvé dans ma théorie des marées, où j'ai présenté des faits si curieux, si nouveaux, si multipliés, décide de plus que je suis incapable de rien voir ni rien expliquer dans l'étude de la nature. Pour preuve, il me suppose, avec toute la politesse imaginable, un talent extraordinaire de peindre la nature, et il me l'oppose. Il met en principe contre moi, cet étrange paradoxe, « que plus « un homme est fait pour être forte- « ment ému par le spectacle de la na- « ture, moins il est dans une disposi- « tion favorable pour en bien démêler « les ressorts. » Je n'ai pas besoin de faire observer au lecteur que dans ce même Journal on a souvent posé un principe contraire, en faveur des talens et des systêmes de M. de Buffon. Le Mercure se vante d'être une balance équitable pour tous les auteurs ; mais il me semble qu'on y met les poids suivant les fortunes. Voici le raisonnement dont on y appuie ce paradoxe : c'est qu'un écrivain ému du spectacle de la nature, « cherche toujours des motifs « où il ne devroit chercher que des « causes, parce que son ame sensible « aime à voir par-tout un ordre de « choses qui protège sa foiblesse. »

Ici, M. le rédacteur ne s'est pas aperçu qu'il se contredisoit, en m'accusant de chercher toujours des motifs, puisqu'il a rejeté lui-même les nouvelles causes que j'ai assignées aux courans et aux marées dans la fonte des glaces polaires, dont j'ai dérivé une nouvelle cause du déluge, et même celle du mouvement de la terre qui nous donne les saisons. Il oublie de plus, que j'ai cherché, et, j'ose dire, trouvé beaucoup d'autres causes très-importantes à la physique, telles que celles des volcans, qui doivent l'entretien de leurs feux aux bitumes des mers et des lacs, sur les bords desquels ils sont toujours situés ; celles du cours des rivières, qui doivent leurs sources aux pics électriques des montagnes, qui attirent sans cesse les nuages; celles des aurores boréales, qui tirent leurs reflets lumineux des glaces polaires, etc... D'ailleurs, ces motifs même, qu'il m'accuse de chercher uniquement, m'ont fait découvrir les causes de plusieurs effets, et les usages des parties les plus apparentes des plantes, qui, jusqu'à présent, n'avoient pas même été soupçonnés des naturalistes ; tels sont les usages des pétales des fleurs pour rassembler les rayons du soleil sur les parties sexuelles des plantes, ou les diverger suivant les saisons et les latitudes ; des formes des graines carénées pour les eaux, volatiles pour les airs; des feuilles des végétaux, toujours consonnantes à la forme de leur semence, façonnées dans les lieux arides en becs d'oiseaux, en langues, en pinceaux, en gouttières, pour recueillir les eaux des pluies, et d'une configuration toute opposée dans les végétaux qui croissent dans les lieux humides, etc.

Quant à cette disposition de mon ame, qui la porte à rechercher dans la nature des motifs ou des causes finales, « parce qu'elle aime à voir par-tout un « ordre de choses qui protége sa foi- « blesse, » M. le journaliste a raison.

Le sentiment de cet ordre m'a rendu bien fort. Il m'a fait supporter les voyages, les dangers, les infirmités, les chagrins domestiques, les persécutions des corps, l'injustice des grands, l'inconstance des amis, les calomnies de mes ennemis : seul, sans fortune, sans prôneur, sans protecteur, sans intrigue, sans servir et sans craindre les haines des méchans, non-seulement j'ai résisté seul à ceux-ci, mais j'ai osé prendre contre eux le parti des foibles et des malheureux. C'est l'unique but de mes écrits, comme c'en est la devise. Un de nos rois des plus distingués par ses malheurs et par son courage, s'appuyoit uniquement sur ce même ordre de choses ; il disoit souvent, au milieu de ses détresses : « Dieu et mon épée. » J'ai dit aussi,

au milieu des miennes: « Dieu et ma
« plume. » Heureux par les spéculations ravissantes de la nature, c'est à
elle seule que ma plume doit les foibles
images qui l'ont rendue recommandable.
Hors d'elle, je ne sens rien et je ne vois
rien. En vain des hommes accrédités
et des corps très-puissans, dont j'avois
bien mérité par ces mêmes études,
m'en ont fait entrevoir des récompenses
honorables, pour prix de sollicitations
particulières que j'aurois faites auprès
d'eux. Je me suis éloigné des ambitieux
comme je m'éloigne des méchans; j'ai
refusé de rendre ma plume vénale. Cependant cet ordre qui gouverne toutes
choses, est venu à mon secours. M. le
duc d'Orléans, de son propre mouvement, sans rien attendre de moi, m'a
honoré de la seule pension dont je
jouisse à ce titre; et quoique la chose
soit déja connue, je la publie de mon
côté, afin que si un jour j'ai quelque
part à la bienveillance des hommes, il
en rejaillisse, pour mon compte, quelque

portion sur un prince qui m'a prévenu de ses bienfaits, sans que ma plume lui ait jamais été d'aucune utilité.

Je parle sans doute trop avantageusement de ma plume ; mais j'insiste, malgré moi, sur elle, parce que c'est à elle seule que le journaliste réserve ses éloges, et qu'il attribue, sans balancer, tous les succès de mes ouvrages. Il dit, en parlant de moi : « Son « suprême talent de peindre la nature « doit suffire à sa gloire, et il peut mieux « qu'un autre se passer du mérite de « la bien expliquer. Celui qui sait com- « muniquer ses émotions aux autres, « et les leur faire partager, exerce sur « eux une espèce d'empire, et les as- « socie en quelque sorte à sa destinée. »

Peu m'importe, en vérité, cet empire qu'on me suppose sur l'opinion de mes lecteurs, puisqu'au fond ce n'est qu'une séduction, et que la portion de gloire dont on me gratifie, n'est qu'une gloire de charlatan. Ce compliment de M. le rédacteur semble ne vouloir prouver autre chose que ce qu'il a déja dit, « que plus « j'ai de talent pour peindre la nature, « moins j'en ai pour la connoître. »

Ce jugement ne me fait pas grand tort dans mon genre de vie solitaire ; mais il en fait beaucoup aux gens de lettres, car il s'ensuit que ceux qui ont écrit le mieux sur les lois, la politique, les finances, le militaire, le clergé, sont d'autant moins propres à y remplir des emplois, parce que plus ils montrent de talent en ecrivant sur ces matières, moins ils en ont eu pour les connoître. C'est servir, sans doute sans le vouloir, la jalouse médiocrité des gens du monde, qui se plaisent à dire qu'un écrivain est d'autant moins propre à faire une chose, qu'il réussit mieux à en écrire. Ils ne regardent le style d'un ouvrage que comme une décoration. Si quelqu'un d'eux a conçu un projet informe, ou barbouillé quelque mémoire, « Je « chercherai, dit-il, quelque homme « de lettres pour le mettre en beau « style. » J'ai entendu même des soi-disant savans, qui écrivoient fort mal, et même des gens de lettres qui, à la vérité, n'écrivoient guère mieux, définir le style « l'habit de la pensée. »

Mais je suis bien aise de dire à ces savans et à ces gens de lettres, pour l'honneur même des sciences et des lettres, que le style n'est ni la décoration ni l'habit de la pensée, mais qu'il en est l'expression. Le style est à la pensée, non ce que l'habit, mais ce que les muscles sont au corps. L'habit voile le corps, les muscles le montrent. Les mots suivent les choses : *Rem verba sequuntur*, a si bien dit Horace ; et cela est si vrai, qu'il est impossible de faire rendre par autrui ses idées telles qu'on les a conçues soi-même, et qu'un grand écrivain même ne pourra continuer l'ouvrage d'un écrivain qui lui est inférieur, avec un succès égal. Toutes les suites ajoutées aux ouvrages par une main étrangère, ont toujours été avortées. La pensée d'un auteur est comme l'œuf d'un oiseau : pour en faire éclore un petit qui ait toutes ses plumes, il y faut l'aile de la mère.

Les écrivains qui ont le mieux écrit sur un sujet, l'ont le mieux connu ; *et vice versâ*, ceux qui l'ont le mieux connu, ont été les plus capables d'en écrire. C'est ce que montre l'expérience de tous les temps, dans tous les genres. Les poètes solitaires qui ont vécu le plus près de la nature, comme Homère et Virgile, l'ont mieux peinte que les poètes courtisans, tels que l'Arioste et quelques autres qui l'ont si étrangement défigurée. Ces derniers n'ont réussi qu'à peindre des caricatures. Il y a plus, c'est qu'Homère et Virgile l'ont souvent mieux expliquée par leurs sublimes allégories, que la plupart des physiciens, occupés uniquement à en analyser les élémens. Ceux-ci souvent n'ont vu que la matière pour principe et pour fin de leurs travaux ; et ceux-là, ramenant jusqu'aux élémens à un ordre de choses qui protège la foiblesse humaine, ont entrevu, par la force de leur génie, l'ensemble de l'univers. Il en est de même des autres écrivains. Les militaires qui ont le mieux écrit sur la guerre, l'ont le mieux faite. César, Xénophon et le feu roi de Prusse, sont bien supérieurs dans leurs tactiques, à tous nos tacticiens. Les grands hommes qui ont vécu le plus librement, ont le mieux parlé de la liberté. L'éloquence de Brutus étoit bien plus énergique que celle de Cicéron, et celle de Phocion plus que celle de Démosthène, qui redoutoit tellement l'éloquence de Phocion, que lorsqu'il le voyoit se lever pour le contredire, dans les assemblées générales de la Grèce, il disoit : « Voilà la hache de mes dis-« cours qui se lève. » Ceux qui ont le mieux écrit sur la vertu, ont vécu le plus vertueusement. Tels ont été, parmi nous, Fénelon et Jean-Jacques. Ceux même des historiens qui ont été le plus véritablement éloquens, ont été aussi les plus vertueux. Tels ont été Plutarque, Tacite, Suétone, etc.... Je me rappelle à ce sujet que je disois un jour à Jean-Jacques, que la vérité étoit la première qualité d'un historien : il me répondit, « C'est la vertu ; car, « avant tout, il faut de la vertu à un « historien pour sentir la vérité, et pour « oser la dire. » Ainsi la poésie, l'éloquence, le génie des grands hommes, les talens des historiens, et la vertu elle-même, mère de tous les talens, ne s'appuient que sur un ordre de choses qui puisse soutenir la foiblesse humaine.

Il y a, à la vérité, une éloquence qui n'a pas besoin de cet ordre-là ; mais aussi elle ne peint rien au naturel : elle fait les choses petites, grandes ; et les grandes, petites ; comme la définissoit jadis un homme du métier, un rhéteur. Celle-là est l'habit de la pensée ; et comme un habit, elle est tantôt étroite, tantôt bouffante, toujours voilant ce qu'elle habille ; comme un habit, elle change de mode avec les saisons. L'éloquence naturelle, au contraire, est le corps même de la pensée ; elle naît de la vérité des choses dont elle est l'expression ; elle est toujours de mode, comme le corps même de chaque objet, auquel on ne peut rien ajouter ni retrancher, parce qu'il est dans ses proportions naturelles.

J'ose donc croire que je ne dois point le succès des vérités physiques que j'ai démontrées, à mon style, mais plutôt le succès de mon style à ces mêmes vérités. Je dois ce succès, non à mes émotions personnelles, mais au sentiment général de la nature, qui influe sur mes lecteurs comme sur moi. Qui sent bien la nature la traduit, et qui la traduit l'explique. Quoique je n'en aie rendu que des ombres légères, mes foibles esquisses ont plu, parce que je les ai rendues d'après ses ravissans modèles. Je ne suis, par rapport à elle, ni un grand peintre, ni un savant physicien, mais un petit ruisseau souvent troublé, qui, dans ses momens de calme, la réfléchit le long de ses rivages.

La nature se peint par-tout d'elle-même; et quand un de ses rayons tombe sur mon ame, je le reflète.

Voilà ce que j'avois à dire sur le style de mes études, plus pour l'intérêt des gens de lettres que pour le mien. Au reste, il y a grande apparence que M. le rédacteur ne s'est ivré aux observations de son préambule, que par des considérations étrangères ; car il me loue du fond du cœur au sujet de Paul et Virginie; et alors, son style lucide, ses idées abondantes, ses expressions senties, sont de nouveaux exemples que je peux lui opposer, pour lui prouver, contre ses principes, que plus on est pénétré d'un objet, plus on a de facilité et de grace pour l'exprimer. Il finit son éloge, d'ailleurs excessif, par cette réflexion touchante : « Les dernières pages de cette histoire « déchirent l'ame du lecteur, qui n'a « pas la consolation de croire que c'est « un roman. » Mais il est lui-même trop ami de la vertu, pour ne pas désirer la consolation de croire que ce qui en porte l'empreinte ne soit véritable.

Plusieurs personnes m'ont questionné à ce sujet. « Ce vieillard, m'ont-elles « dit, vous a-t-il en effet raconté cette « histoire ? avez-vous vu les lieux que « vous avez décrits ? Virginie a-t-elle « péri d'une manière aussi déplorable ? « comment une fille peut-elle se ré- « soudre à quitter la vie plutôt que ses « habits ? »

Je leur ai répondu : L'homme ressemble à un enfant. Donnez une rose à un enfant, d'abord il en jouit, bientôt il veut la connoître. Il en examine les feuilles, puis il les détache l'une après l'autre ; et quand il en connoît l'ensemble, il n'a plus de rose. Télémaque, Clarisse, et tant d'autres sujets qui nous portent à la vertu, ou qui nous font verser des larmes, sont-ils vrais ?

Au fond, je suis persuadé que ces personnes m'ont fait ces questions plutôt par un sentiment d'humanité que de curiosité. Elles étoient fâchées que deux amans si tendres et si heureux, eussent fait une fin si funeste.

Plût à Dieu qu'il m'eût été libre de tracer à la vertu une carrière parfaite de bonheur sur la terre ! Mais, je le répète, j'ai décrit des sites réels, des mœurs dont on trouveroit peut-être encore aujourd'hui des modèles dans quelques parties solitaires de l'île de France, ou de l'île de Bourbon qui en est voisine, et une catastrophe bien certaine, dont je peux produire, même à Paris, des témoignages irrécusables.

L'été dernier, étant au Jardin du Roi, une dame d'une figure très-intéressante, accompagnée de son mari, ayant su de M. Jean Thouin, chef du Jardin du roi, que j'étois l'auteur de Paul et Virginie, m'aborda pour me dire : « Ah ! « Monsieur, que vous m'avez fait pas- « ser une nuit terrible ! Je n'ai cessé de « gémir et de fondre en larmes. La per- « sonne dont vous avez décrit la fin « malheureuse avec tant de vérité, dans

« le naufrage du Saint-Géran, étoit ma « parente. Je suis créole de Bourbon. » J'appris ensuite de M. Jean Thouin, que cette dame étoit l'épouse de M. de Bonneuil, premier valet de chambre de MONSIEUR Cette dame, depuis, a bien voulu me permettre de publier ici son témoignage sur la vérité de cette catastrophe, dont elle m'a rapporté des circonstances capables d'ajouter beaucoup à l'intérêt qu'inspirent la mort de cette sublime victime de la pudeur, et celle de son amant infortuné.

Cependant, un homme de lettres, connu par des succès, m'est venu trouver, pour me dire qu'il comptoit faire un drame de Paul et Virginie ; mais que, pour complaire au public, fâché de leur fin malheureuse, il terminoit leurs amours par leur mariage. Je lui répondis que je ne croyois pas qu'on pût dénaturer un événement véritable, dont l'impression d'ailleurs étoit faite dans l'esprit du public, et qu'il y réussît plus qu'un auteur qui, mécontent de la fin tragique de Didon, de Zaïre, de Clarisse, imagineroit de les marier avec leurs amans; que ceux qui lui en avoient donné le conseil à l'égard de Paul et Virginie, seroient les premiers à en blâmer l'exécution, comme il arrive presque toujours dans les sociétés privées, qui se donnent le nom de public, croyant par-là s'en donner l'autorité; que d'ailleurs il retrancheroit de ce sujet ce que son but moral a de plus intéressant, parce qu'il est dangereux de n'offrir à la vertu d'autre perspective sur la terre que le bonheur, et qu'il faut apprendre aux hommes non-seulement à vivre, mais encore à mourir. Comme cet auteur est modeste, il parut frappé de mes observations, et il m'assura qu'il alloit travailler à faire un drame de Paul et Virginie, sans s'écarter de ma narration. Je crois que, malgré ses talens, il y éprouvera de grands obstacles, par la difficulté d'y réunir l'unité de temps et de lieu. Cependant un homme de lettres, bien instruit des règles de notre théâtre, m'a fait observer qu'on pouvoit y assujettir l'histoire de Paul et de Virginie, en la terminant à leur séparation. En effet, plusieurs piéces célèbres, entre autres Titus et Bérénice, et je crois même Ariadne, d'un intérêt si touchant, n'ont pas d'autre dénouement qu'une séparation et des adieux.

D'un autre côté, un autre homme de lettres, peu au fait, à la vérité, des lois de notre scène, a trouvé qu'on peut y supposer le naufrage de Virginie immédiatement après son départ; et j'avoue que je penche beaucoup pour son opinion. Tous les évènemens importans de cette pastorale se succéderoient jusqu'à la catastrophe. On pourroit les commencer un peu avant l'épisode de la négresse maronne ; cette scène si intéressante pour l'humanité, plaideroit en faveur de la liberté des noirs, devant un public déja disposé à rompre leurs fers. Cet acte de bienfaisance de Paul et de Virginie redoubleroit leur amour mutuel, comme il arrive toujours, car la vertu est le plus grand charme de l'amour. Bientôt succéderoient des conversations dignes du jardin d'Eden, puis les souffrances de Virginie, les inquiétudes de Paul, les projets de leurs mères pour les séparer quelque temps, l'arrivée du gouverneur, suivie des illusions de la fortune, qui bannissent déja le repos et la paix de ces heureuses cabanes ; les alarmes de Paul, sa confiance envers l'habitant ami de son enfance ; la scène des adieux ; le désespoir de Paul retournant le matin à l'habitation, à la vue de la négresse Marie, qui pleure en regardant vers la mer ; ses tendres reproches à la mère de Virginie et à la sienne ; son retour le soir chez l'habitant, et la consolation de la philosophie et de l'amour, au pied du papayer planté par son amie, interrompue à l'entrée de la nuit par des coups de canon lointains ; les alarmes de Paul.......La tempête, le naufrage et la mort de ces deux amans, seroient mis en récit, jusqu'au moment où l'on verroit au pied d'une touffe de bambous, leur tombe commune, entourée d'esclaves et d'infortunés, qui viendroient l'honorer de leurs hommages et de leurs larmes. Ce sujet, ce me semble, par ses sites, ses végétaux, et ses événemens naturels, mieux disposés que je n'ai pu le faire ici, offriroit sur la scène des effets d'un genre nouveau.

Quelque parti que des hommes plus habiles que moi tirent de ce sujet, j'ai rempli mon but en intéressant les cœurs sensibles au sort de ces enfans de la nature. Leur innocence, leurs amours et leurs malheurs, ont fait verser des larmes au-delà des mers. Une demoiselle angloise en a fait, à Londres, le sujet d'une romance. Une autre demoiselle du même pays, en passant à Paris pour aller en Languedoc, m'a voulu communiquer une traduction de leur histoire, qu'elle compte publier incessamment ; mais j'ignore la langue angloise, dont j'admire d'ailleurs les grands écrivains dans nos traductions. Au moins j'ai la consolation d'éprouver que la langue de la nature est toujours entendue, même chez les nations rivales, et qu'elle peut encore les rapprocher mieux que la langue des traités diplomatiques.

PAUL ET VIRGINIE.

Sur le côté oriental de la montagne qui s'élève derrière le Port-Louis de l'île de France, on voit, sur un terrain jadis cultivé, les ruines de deux petites cabanes. Elles sont situées presque au milieu d'un bassin formé par de grands rochers, qui n'a qu'une seule ouverture tournée au nord. On aperçoit sur la gauche, la montagne appelée le morne de la Découverte, d'où l'on signale les vaisseaux qui abordent dans l'île, et au bas de cette montagne, la ville nommée le Port-Louis; sur la droite, le chemin qui mène du Port-Louis au quartier des Pamplemousses; ensuite l'église de ce nom, qui s'élève avec ses avenues de bambous au milieu d'une grande plaine ; et plus loin, une forêt qui s'étend jusqu'aux extrémités de l'île. On distingue devant soi, sur les bords de la mer, la baie du Tombeau ; un peu sur la droite, le cap Malheureux ; et au-delà, la pleine mer, où paroissent à fleur d'eau quelques îlots inhabités, entre autres le coin de Mire, qui ressemble à un bastion au milieu des flots.

A l'entrée de ce bassin, d'où l'on découvre tant d'objets, les échos de la montagne répètent sans cesse le bruit des vents qui agitent les forêts voisines, et le fracas des vagues qui brisent au loin sur les récifs ; mais au pied même des cabanes, on n'entend plus aucun bruit, et on ne voit autour de soi que de grands rochers escarpés comme des murailles. Des bouquets d'arbres croissent à leurs bases, dans leurs fentes, et jusque sur leurs cimes, où s'arrêtent les nuages. Les pluies que leurs pitons attirent, peignent souvent les couleurs de l'arc-en-ciel sur leurs flancs verts et bruns, et entretiennent à leurs pieds les sources dont se forme la petite rivière des Lataniers. Un grand silence règne dans leur enceinte où tout est paisible, l'air, les eaux et la lumière. A peine l'écho y répète le murmure des palmistes qui croissent sur leurs plateaux élevés, et dont on voit les longues flèches toujours balancées par les vents. Un jour doux éclaire le fond de ce bassin, où le soleil ne luit qu'à midi; mais dès l'aurore ses rayons en frappent le couronnement, dont les pics s'élevant au dessus des ombres de la montagne, paroissent d'or et de pourpre sur l'azur des cieux.

J'aimois à me rendre dans ce lieu, où l'on jouit à-la-fois d'une vue immense et d'une solitude profonde. Un jour, que j'étois assis au pied de ces cabanes, et que j'en considérois les ruines, un homme déja sur l'âge vint à passer aux environs. Il étoit, suivant la coutume des anciens habitans, en petite veste et en long caleçon. Il marchoit nu-pieds, et s'appuyoit sur un bâton de bois d'ébène. Ses cheveux étoit tout blancs, et sa physionomie noble et simple. Je le saluai avec respect. Il me rendit mon salut, et m'ayant considéré un moment, il s'approcha de moi, et vint se reposer sur le tertre sur lequel j'étois assis. Excité par cette marque de confiance, je lui adressai la parole : « Mon « père, lui dis-je, pourriez-vous m'apprendre à qui ont appartenu ces deux « cabanes ? » Il me répondit : « Mon fils, « ces masures et ce terrain inculte étoient « habités, il y a environ vingt ans, par « deux familles qui y avoient trouvé le « bonheur. Leur histoire est touchante ; « mais dans cette île, située sur la route des « Indes, quel Européen peut s'intéresser » au sort de quelques particuliers obscurs ? « Qui voudroit même y vivre heureux, « mais pauvre et ignoré ? Les hommes « ne veulent connoître que l'histoire des » grands et des rois qui ne sert à personne.

« —Mon père, repris-je, il est aisé de
« juger à votre air et à votre discours, que
« vous avez acquis une grande expérience.
« Si vous en avez le temps, racontez-moi,
« je vous prie, ce que vous savez des an-
« ciens habitans de ce désert, et croyez
« que l'homme, même le plus dépravé par
« les préjugés du monde, aime à entendre
« parler du bonheur que donnent la nature
« et la vertu. » Alors, comme quelqu'un
qui cherche à se rappeler diverses circonstances, après avoir appuyé quelque temps
ses mains sur son front, voici ce que ce
vieillard me raconta.

En 1726, un jeune homme de Normandie, appelé M. de la Tour, après
avoir sollicité en vain du service en France,
et des secours dans sa famille, se déter-
mina à venir dans cette île, pour y chercher fortune. Il avoit avec lui une jeune
femme qu'il aimoit beaucoup, et dont il
étoit également aimé. Elle étoit d'une

ancienne et riche maison de sa province ; mais il l'avoit épousée en secret et sans dot, parce que les parens de sa femme s'étoient opposés à son mariage, attendu qu'il n'étoit pas gentilhomme. Il la laissa au Port-Louis de cette île, et il s'embarqua pour Madagascar, dans l'espérance d'y acheter quelques noirs, et de revenir promptement ici former une habitation. Il débarqua à Madagascar vers la mauvaise saison, qui commence à la mi-octobre, et, peu de temps après son arrivée, il y mourut des fièvres pestilentielles qui y règnent pendant six mois de l'année, et qui empêcheront toujours les nations européennes d'y faire des établissemens fixes. Les effets qu'il avoit emportés avec lui furent dispersés après sa mort, comme il arrive ordinairement à ceux qui meurent hors de leur patrie. Sa femme, restée à l'île de France, se trouva veuve, enceinte, et n'ayant pour tout bien au monde, qu'une négresse, dans un pays où elle n'avoit ni crédit, ni recommandation. Ne voulant rien solliciter auprès d'aucun homme, après la mort de celui qu'elle avoit uniquement aimé, son malheur lui donna du courage. Elle résolut de cultiver avec son esclave un petit coin de terre, afin de se procurer de quoi vivre.

Dans une île presque déserte, dont le terrain étoit à discrétion, elle ne choisit point les cantons les plus fertiles ni les plus favorables au commerce ; mais cherchant quelque gorge de montagne, quelque asyle caché, où elle pût vivre seule et inconnue, elle s'achemina de la ville vers ces rochers, pour s'y retirer comme dans un nid. C'est un instinct commun à tous les êtres sensibles et souffrans, de se réfugier dans les lieux les plus sauvages et les plus déserts ; comme si des rochers étoient des remparts contre l'infortune, et comme si le calme de la nature pouvoit appaiser les troubles malheureux de l'ame. Mais la Providence, qui vient à notre secours lorsque nous ne voulons que les biens nécessaires, en réservoit un à madame de la Tour, que ne donnent ni les richesses, ni la grandeur; c'étoit une amie.

Dans ce lieu, depuis un an, demeuroit une femme vive, bonne et sensible; elle s'appeloit Marguerite. Elle étoit née en Bretagne, d'une simple famille de paysans, dont elle étoit chérie, et qui l'auroit rendue heureuse, si elle n'avoit eu la foiblesse d'ajouter foi à l'amour d'un gentilhomme de son voisinage, qui lui avoit promis de l'épouser. Mais celui-ci, ayant satisfait sa passion, s'éloigna d'elle, et refusa même de lui assurer une subsistance pour un enfant dont il l'avoit laissée enceinte. Elle s'étoit déterminée alors à quitter pour toujours le village où elle étoit née, et à aller cacher sa faute aux colonies, loin de son pays, où elle avoit perdu la seule dot d'une fille pauvre et honnête, la réputation. Un vieux noir, qu'elle avoit acquis de quelques deniers empruntés, cultivoit avec elle un petit coin de ce canton.

Madame de la Tour, suivie de sa négresse, trouva dans ce lieu Marguerite qui allaitoit son enfant. Elle fut charmée de rencontrer une femme dans une position qu'elle jugea semblable à la sienne. Elle lui parla en peu de mots, de sa condition passée et de ses besoins présens. Marguerite, au récit de madame de la Tour, fut émue de pitié; et, voulant mériter sa confiance plutôt que son estime, elle lui avoua, sans lui rien déguiser, l'imprudence dont elle s'étoit rendue coupable. « Pour moi, dit-elle, j'ai mérité « mon sort. Mais vous, madame,... vous « sage et malheureuse ! » Et elle lui offrit, en pleurant, sa cabane et son amitié. Madame de la Tour, touchée d'un accueil si tendre, lui dit, en la serrant dans ses bras : « Ah ! Dieu veut finir mes peines, « puisqu'il vous inspire plus de bonté en- « vers moi, qui vous suis étrangère, que

« jamais je n'en ai trouvé dans mes parens. »

Je connoissois Marguerite, et quoique je demeure à une lieue et demie d'ici, dans les bois, derrière la Montagne longue, je me regardois comme son voisin. Dans les villes d'Europe, une rue, un simple mur, empêchent les membres d'une même famille de se réunir pendant des années entières ; mais dans les colonies nouvelles, on considère comme ses voisins, ceux dont on n'est séparé que par des bois et par des montagnes. Dans ce temps-là sur-tout, où cette île faisoit peu de commerce aux Indes, le simple voisinage y étoit un titre d'amitié, et l'hospitalité envers les étrangers, un devoir et un plaisir. Lorsque j'appris que ma voisine avoit une compagne, je fus la voir, pour tâcher d'être utile à l'une et à l'autre. Je trouvai dans madame de la Tour, une personne d'une figure intéressante, pleine de noblesse et de mélancolie. Elle étoit alors sur le point d'accoucher. Je dis à ces deux dames, qu'il convenoit, pour l'intérêt de leurs enfans, et sur-tout pour empêcher l'établissement de quelque autre habitant, de partager entre elles le fond de ce bassin, qui contient environ vingt arpens. Elles s'en rapportèrent à moi pour ce partage. J'en formai deux portions à-peu-près égales : l'une renfermoit la partie supérieure de cette enceinte, depuis ce piton de rocher couvert de nuages, d'où sort la source de la rivière des Lataniers, jusqu'à cette ouverture escarpée que vous voyez au haut de la montagne, et qu'on appelle l'Embrasure, parce qu'elle ressemble en effet à une embrasure de canon. Le fond de ce sol est si rempli de roches et de ravins, qu'à peine on y peut marcher ; cependant il produit de grands arbres, et il est rempli de fontaines et de petits ruisseaux. Dans l'autre portion, je compris toute la partie inférieure qui s'étend le long de la rivière des Lataniers, jusqu'à l'ouverture où nous sommes, d'où cette rivière commence à couler entre deux collines jusqu'à la mer. Vous y voyez quelques lisières de prairies, et un terrain assez uni, mais qui n'est guère meilleur que l'autre; car, dans la saison des pluies, il est marécageux, et dans les sécheresses, il est dur comme du plomb. Quand on y veut alors ouvrir une tranchée, on est obligé de le couper avec des haches. Après avoir fait ces deux partages, j'engageai ces deux dames à les tirer au sort. La partie supérieure échut à madame de la Tour, et l'inférieure à Marguerite, L'une et l'autre furent contentes de leur lot; mais elles me prièrent de ne pas séparer leur demeure, « afin, me dirent-elles, que nous « puissions toujours nous voir, nous parler « et nous entre-aider. » Il falloit cependant à chacune d'elles une retraite particulière. La case de Marguerite se trouvoit au milieu du bassin, précisément sur les limites de son terrain. Je bâtis tout auprès, sur celui de madame de la Tour, une autre case, en sorte que ces deux amies étoient à-la-fois dans le voisinage l'une de l'autre, et sur la propriété de leurs familles. Moi-même, j'ai coupé des palissades dans la montagne ; j'ai apporté des feuilles de lataniers des bords de la mer, pour construire ces deux cabanes, où vous ne voyez plus maintenant ni porte ni couverture. Hélas! il n'en reste encore que trop pour mon souvenir! Le temps, qui détruit si rapidement les monumens des empires, semble respecter dans ces déserts ceux de l'amitié, pour perpétuer mes regrets jusqu'à la fin de ma vie.

A peine la seconde de ces cabanes étoit achevée, que madame de la Tour accoucha d'une fille. J'avois été le parrain de l'enfant de Marguerite, qui s'appeloit Paul. Madame de la Tour me pria aussi de nommer sa fille, conjointement avec son amie. Celle-ci lui donna le nom de Virginie. « Elle sera vertueuse, dit-elle,

« et elle sera heureuse. Je n'ai connu le « malheur, qu'en m'écartant de la vertu. »

Lorsque madame de la Tour fut relevée de ses couches, ces deux petites habitations commencèrent à être de quelque rapport, à l'aide des soins que j'y donnois de temps en temps, mais sur-tout par les travaux assidus de leurs esclaves. Celui de Marguerite, appelé Domingue, étoit un noir iolof, encore robuste, quoique déja sur l'âge. Il avoit de l'expérience et un bon sens naturel. Il cultivoit indifféremment sur les deux habitations, les terrains qui lui sembloient les plus fertiles, et il y mettoit les semences qui leur convenoient le mieux. Il semoit du petit mil et du maïs dans les endroits médiocres, un peu de froment dans les bonnes terres, du riz dans les fonds marécageux, et au pied des roches, des giraumons, des courges et des concombres qui se plaisent à y grimper. Il plantoit dans les lieux secs, des patates qui y viennent très-sucrées, des cotonniers sur les hauteurs, des cannes à sucre dans les terres fortes, des pieds de café sur les collines, où leur grain est petit, mais excellent ; le long de la rivière et autour des cases, des bananiers qui donnent toute l'année de longs régimes de fruits, avec un bel ombrage, et enfin, quelques plantes de tabac pour charmer ses soucis et ceux de ses bonnes maîtresses. Il alloit couper du bois à brûler dans la montagne, et casser des roches çà et là dans les habitations pour en aplanir les chemins. Il faisoit tous ces ouvrages avec intelligence et activité, parce qu'il les faisoit avec zèle. Il étoit fort attaché à Marguerite, et il ne l'étoit guère moins à madame de la Tour, à la négresse de laquelle il s'étoit marié à la naissance de Virginie. Il aimoit passionnément sa femme qui s'appeloit Marie. Elle étoit née à Madagascar, d'où elle avoit apporté quelque industrie, entre autres celle de faire des paniers et des étoffes appelées pagnes, avec des herbes qui croissent dans les bois. Elle étoit adroite, propre, et sur-tout très-fidèle. Elle avoit soin de préparer à manger, d'élever quelques poules, et d'aller de temps en temps vendre au Port-Louis le superflu de ces deux habitations, qui étoit bien peu considérable. Si vous y joignez deux chèvres élevées près des enfans, et un gros chien qui veilloit la nuit au dehors, vous aurez une idée de tout le revenu et de tout le domestique de ces deux petites métairies.

Pour ces deux amies, elles filoient, du matin au soir, du coton. Ce travail suffisoit à leur entretien et à celui de leurs familles; mais d'ailleurs, elles étoient si dépourvues de commodités étrangères, qu'elles marchoient nu-pieds dans leur habitation, et ne portoient de souliers que pour aller le dimanche, de grand matin, à la messe à l'église des Pamplemousses que vous voyez là-bas. Il y a cependant bien plus loin qu'au Port-Louis; mais elles se rendoient rarement à la ville, de peur d'y être méprisées, parce qu'elles étoient vêtues de grosse toile bleue du Bengale, comme des esclaves. Après tout, la considération publique vaut-elle le bonheur domestique ? Si ces dames avoient un peu à souffrir au dehors, elles rentroient chez elles avec d'autant plus de plaisir. A peine Marie et Domingue les apercevoient de cette hauteur, sur le chemin des Pamplemousses, qu'ils accouroient jusqu'au bas de la montagne, pour les aider à la remonter. Elles lisoient dans les yeux de leurs esclaves, la joie qu'ils avoient de les revoir. Elles trouvoient chez elles, la propreté, la liberté, des biens qu'elles ne devoient qu'à leurs propres travaux, et des serviteurs pleins de zèle et d'affection. Elles-mêmes, unies par les mêmes besoins, ayant éprouvé des maux presque semblables, se donnant les doux noms d'amie, de compagne et de sœur, n'avoient qu'une volonté, qu'un intérêt, qu'une table. Tout entre elles étoit commun. Seulement, si d'anciens feux plus vifs que ceux de l'amitié se réveilloient dans leur ame, une religion pure, aidée par des mœurs chastes, les dirigeoit vers une autre vie, comme la flamme qui s'envole vers le ciel lorsqu'elle n'a plus d'aliment sur la terre.

Les devoirs de la nature ajoutoient encore au bonheur de leur société. Leur amitié mutuelle redoubloit à la vue de leurs enfans, fruits d'un amour également infortuné. Elles prenoient plaisir à les mettre ensemble dans le même bain, et à les coucher dans le même berceau. Souvent elles les changeoient de lait. « Mon « amie, disoit madame de la Tour, cha- « cune de nous aura deux enfans, et cha- « cun de nos enfans aura deux mères. » Comme deux bourgeons qui restent sur deux arbres de la même espèce, dont la tempête a brisé toutes les branches, viennent à produire des fruits plus doux, si chacun d'eux, détaché du tronc maternel, est greffé sur le tronc voisin ; ainsi ces deux petits enfans, privés de tous leurs parens, se remplissoient de sentimens plus tendres que ceux de fils et de fille, de frère et de sœur, quand ils venoient à être changés de mamelles par les deux amies qui leur avoient donné le jour. Déja leurs mères parloient de leur mariage sur leurs berceaux, et cette perspective de félicité conjugale, dont elles charmoient leurs propres peines, finissoit bien souvent par les faire pleurer ; l'une se rappelant que ses maux étoient venus d'avoir négligé l'hymen, et l'autre d'en avoir subi les lois ; l'une, de s'être élevée au dessus de sa condition, et l'autre, d'en être descendue : mais elles se consoloient, en pensant qu'un jour, leurs enfans plus heureux, jouiroient à la fois, loin des cruels préjugés de l'Europe, des plaisirs de l'amour, et du bonheur de l'égalité.

Rien, en effet, n'étoit comparable à l'attachement qu'ils se témoignoient déja.

Si Paul venoit à se plaindre, on lui montroit Virginie ; à sa vue, il sourioit et s'appaisoit. Si Virginie souffroit, on en étoit averti par les cris de Paul ; mais cette aimable fille dissimuloit aussitôt son mal, pour qu'il ne souffrît pas de sa douleur. Je n'arrivois point de fois ici, que je ne les visse tous deux, tout nus, suivant la coutume du pays, pouvant à peine marcher, se tenant ensemble par les mains et sous les bras, comme on représente la constellation des Gémeaux. La nuit même ne pouvoit les séparer : elle les surprenoit souvent couchés dans le même berceau, joue contre joue, poitrine contre poitrine, les mains passées mutuellement autour de leurs cous, et endormis dans les bras l'un de l'autre.

Lorsqu'ils surent parler, les premiers noms qu'ils apprirent à se donner, furent ceux de frère et de sœur. L'enfance qui connoît des caresses plus tendres, ne connoît point de plus doux noms. Leur éducation ne fit que redoubler leur amitié, en la dirigeant vers leurs besoins réciproques. Bientôt, tout ce qui regarde l'économie, la propreté, le soin de préparer un repas champêtre, fut du ressort de Virginie, et ses travaux étoient toujours suivis des louanges et des baisers de son frère. Pour lui, toujours en action, il bêchoit le jardin avec Domingue, ou, une petite hache à la main, il le suivoit dans les bois; et si dans ces courses, une belle fleur, un bon fruit ou un nid d'oiseaux se présentoient à lui, eussent-ils été au haut d'un arbre, il l'escaladoit pour les apporter à sa sœur.

Quand on en rencontroit un quelque part, on étoit sûr que l'autre n'étoit pas loin. Un jour, que je descendois du sommet de cette montagne, j'aperçus, à l'extrémité du jardin, Virginie, qui accouroit vers la maison, la tête couverte de son jupon qu'elle avoit relevé par derrière, pour se mettre à l'abri d'une ondée de pluie. De loin, je la crus seule; et m'étant avancé vers elle pour l'aider à marcher, je vis qu'elle tenoit Paul par le bras, enveloppé presque en entier de la même couverture, riant l'un et l'autre d'être ensemble à l'abri sous un parapluie de leur invention. Ces deux têtes charmantes renfermées sous ce jupon bouffant, me rappelèrent les enfans de Léda, enclos dans la même coquille.

Toute leur étude étoit de se complaire et de s'entre-aider. Au reste, ils étoient ignorans comme des Créoles, et ne savoient ni lire ni écrire. Ils ne s'inquiétoient pas de ce qui s'étoit passé dans des temps reculés et loin d'eux; leur curiosité ne s'étendoit pas au-delà de cette montagne. Ils croyoient que le monde finissoit où finissoit leur île; et ils n'imaginoient rien d'aimable où ils n'étoient pas. Leur affection mutuelle, et celle de leurs mères, occupoient toute l'activité de leurs âmes. Jamais des sciences inutiles n'avoient fait couler leurs larmes ; jamais les leçons d'une triste morale ne les avoient remplis d'ennui. Ils ne savoient pas qu'il ne faut pas dérober, tout chez eux étant commun; ni être intempérant, ayant à discrétion des mets simples ; ni menteur, n'ayant aucune vérité à dissimuler. On ne les avoit jamais effrayés, en leur disant que Dieu réserve des punitions terribles aux enfans ingrats ; chez eux, l'amitié filiale étoit née de l'amitié maternelle. On ne leur avoit appris de la religion que ce qui la fait aimer ; et s'ils n'offroient pas à l'église de longues prières ; par-tout où ils étoient, dans la maison, dans les champs, dans les bois, ils levoient vers le ciel des mains innocentes et un cœur plein de l'amour de leurs parens.

Ainsi se passa leur première enfance, comme une belle aube qui annonce un plus beau jour. Déja ils partageoient avec leurs mères tous les soins du ménage. Dès que le chant du coq annonçoit le retour de l'aurore, Virginie se levoit, alloit puiser de l'eau à la source voisine, et rentroit dans la maison pour préparer le déjeûné. Bientôt après, quand le soleil doroit les pitons de cette enceinte, Marguerite et son fils se rendoient chez madame de la Tour : alors ils commençoient tous ensemble une prière, suivie du premier repas ; souvent ils le prenoient devant la porte, assis sur l'herbe sous un berceau de bananiers, qui leur fournissoient à-la-fois des mets tout préparés dans leurs fruits substantiels, et du linge de table dans leurs feuilles longues et lustrées. Une nourriture saine et abondante développoit rapidement les corps de ces deux jeunes gens, et une éducation douce peignoit dans leur physionomie la pureté et le contentement de leur ame. Virginie n'avoit que douze ans; déjà sa taille étoit plus qu'à demi formée : de grands cheveux blonds ombrageoient sa tête ; ses yeux bleus et ses lèvres de corail brilloient du plus tendre

éclat sur la fraîcheur de son visage. Ils
sourioient toujours de concert quand elle
parloit; mais quand elle gardoit le silence,
leur obliquité naturelle vers le ciel leur
donnoit une expression d'une sensibilité
extrême, et même celle d'une légère mélancolie. Pour Paul, on voyoit déja se développer en lui le caractère d'un homme au
milieu des grâces de l'adolescence. Sa taille
étoit plus élevée que celle de Virginie,
son teint plus rembruni, son nez plus
aquilin, et ses yeux qui étoient noirs auroient eu un peu de fierté, si les longs cils
qui rayonnoient autour comme des pinceaux, ne leur avoient donné la plus grande
douceur. Quoiqu'il fût toujours en mouvement, dès que sa sœur paroissoit, il
devenoit tranquille et alloit s'asseoir auprès d'elle. Souvent leur repas se passoit
sans qu'ils se dissent un mot. A leur silence, à la naïveté de leurs attitudes, à la
beauté de leurs pieds nus, on eût cru voir
un groupe antique de marbre blanc,

représentant quelques-uns des enfans de Niobé; mais à leurs regards qui cherchoient à se rencontrer, à leur sourires rendus par de plus doux sourires, on les cût pris pour ces enfans du ciel, pour ces esprits bien-heureux, dont la nature est de s'aimer, et qui n'ont pas besoin de rendre le sentiment par des pensées, et l'amitié par des paroles.

Cependant, madame de la Tour voyant sa fille se développer avec tant de charmes, sentoit augmenter son inquiétude avec sa tendresse. Elle me disoit quelquefois : « Si « je venois à mourir, que deviendroit « Virginie sans fortune ? »

Elle avoit en France une tante, fille de qualité, riche, vieille et dévote, qui lui avoit refusé si durement des secours, lorsqu'elle se fut mariée à M. de la Tour, qu'elle s'étoit bien promis de n'avoir jamais recours à elle, à quelque extrémité qu'elle fût réduite. Mais devenue mère, elle ne craignit plus la honte des refus.

Elle manda à sa tante la mort inattendue de son mari, la naissance de sa fille, et l'embarras où elle se trouvoit, loin de son pays, dénuée de support, et chargée d'un enfant. Elle n'en reçut point de réponse. Elle, qui étoit d'un caractère élevé, ne craignit plus de s'humilier, et de s'exposer aux reproches de sa parente, qui ne lui avoit jamais pardonné d'avoir épousé un homme sans naissance, quoique vertueux. Elle lui écrivoit donc par toutes les occasions, afin d'exciter sa sensibilité en faveur de Virginie. Mais bien des années s'étoient écoulées, sans recevoir d'elle aucune marque de souvenir.

Enfin en 1738, trois ans après l'arrivée de M. de la Bourdonnais dans cette île, madame de la Tour apprit que ce gouverneur avoit à lui remettre une lettre de la part de sa tante. Elle courut au Port-Louis, sans se soucier, cette fois, d'y paroître mal vêtue, la joie maternelle la mettant au dessus du respect humain. M. de la

Bourdonnais lui donna en effet une lettre de sa tante. Celle-ci mandoit à sa nièce, qu'elle avoit mérité son sort, pour avoir épousé une aventurier, un libertin; que les passions portoient avec elles leur punition; que la mort prématurée de son mari étoit un juste châtiment de Dieu; qu'elle avoit bien fait de passer aux îles, plutôt que de déshonorer sa famille en France; qu'elle étoit, après tout, dans un bon pays, où tout le monde faisoit fortune, excepté les paresseux. Après l'avoir ainsi blâmée, elle finissoit par se louer elle-même. Pour éviter, disoit-elle, les suites presque toujours funestes du mariage, elle avoit toujours refusé de se marier. La vérité est, qu'étant ambitieuse, elle n'avoit voulu épouser qu'un homme de grande qualité; mais, quoiqu'elle fût très-riche, et qu'à la cour on soit indifférent à tout, excepté à la fortune, il ne s'étoit trouvé personne qui eût voulu s'allier à une fille aussi laide et à un cœur aussi dur.

Elle ajoutoit par post-scriptum, que toute considération faite, elle l'avoit fortement recommandée à M. de la Bourdonnais. Elle l'avoit en effet recommandée, mais suivant un usage bien commun aujourd'hui, qui rend un protecteur plus à craindre qu'un ennemi déclaré : afin de justifier auprès du gouverneur sa dureté pour sa nièce, en feignant de la plaindre, elle l'avoit calomniée.

Madame de la Tour, que tout homme indifférent n'eût pu voir sans intérêt et sans respect, fut reçue avec beaucoup de froideur par M. de la Bourdonnais, prévenu contre elle. Il ne répondit à l'exposé qu'elle lui fit de sa situation et de celle de sa fille, que par de durs monosyllabes. « Je verrai;..... nous verrons;.... avec « le temps..... il y a bien des malheu- « reux..... Pourquoi indisposer une tante « respectable?..... C'est vous qui avez « tort. »

Madame de la Tour retourna à l'habitation, le cœur navré de douleur et plein d'amertume. En arrivant, elle s'assit, jeta sur la table la lettre de sa tante, et dit à son amie : « Voilà le fruit de onze ans de « patience. » Mais comme il n'y avoit que madame de la Tour qui sût lire dans la société, elle reprit la lettre, et en fit la lecture devant toute la famille rassemblée. A peine étoit-elle achevée, que Marguerite lui dit avec vivacité : « Qu'avons-nous « besoin de tes parens ? Dieu nous a-t-il « abandonnées ? C'est lui seul qui est notre « père. N'avons-nous pas vécu heureuses « jusqu'à ce jour ? Pourquoi donc te cha-« griner ? Tu n'as point de courage. » Et voyant madame de la Tour pleurer, elle se jeta à son cou, et la serrant dans ses bras : » Chère amie, s'écria-t-elle, chère « amie ! » Mais ses propres sanglots étouffèrent sa voix. A ce spectacle, Virginie fondant en larmes, pressoit alternativement les mains de sa mère et celles de Marguerite contre sa bouche et contre son cœur ; et Paul, les yeux enflammés de colère, crioit, serroit les poings, frappoit du pied, ne sachant à qui s'en prendre. A ce bruit, Domingue et Marie accoururent, et l'on n'entendit plus dans la case que ces cris de douleur : « Ah, Madame !... « ma bonne maîtresse !... ma mère !... « ne pleurez pas. » De si tendres marques d'amitié dissipèrent le chagrin de madame de la Tour. Elle prit Paul et Virginie dans ses bras, et leur dit d'un air content : « Mes enfans, vous êtes cause de « ma peine, mais vous faites toute ma « joie. Oh ! mes chers enfans, le malheur « ne m'est venu que de loin ; le bonheur « est autour de moi. » Paul et Virginie ne la comprirent pas, mais quand ils la virent tranquille, ils sourirent, et se mirent à la caresser. Ainsi ils continuèrent tous à être heureux, et ce ne fut qu'un orage au milieu d'une belle saison.

Le bon naturel de ces enfans se développoit de jour en jour. Un dimanche, au

lever de l'aurore, leurs mères étant allées à la première messe à l'église des Pamplemousses, une négresse maronne se présenta sous les bananiers qui entouroient leur habitation. Elle étoit décharnée comme un squelette, et n'avoit pour vêtement qu'un lambeau de serpillière autour des reins. Elle se jeta aux pieds de Virginie, qui préparoit le déjeûné de la famille, et lui dit : « Ma jeune demoiselle, ayez
« pitié d'une pauvre esclave fugitive ; il y
« a un mois que que j'erre dans ces mon-
« tagnes, demi-morte de faim, souvent
« poursuivie par des chasseurs et par leurs
« chiens. Je fuis mon maître, qui est un
« riche habitant de la Rivière-noire. Il m'a
« traitée comme vous le voyez. » En même temps, elle lui montra son corps sillonné de cicatrices profondes, par les coups de fouet qu'elle en avoit reçus. Elle ajouta :
« Je voulois aller me noyer ; mais sachant
« que vous demeuriez ici, j'ai dit : Puis-
« qu'il y a encore de bons blancs dans ce

« pays, il ne faut pas encore mourir. »
Virginie, toute émue, lui répondit :
« Rassurez-vous, infortunée créature !
« Mangez, mangez; » et elle lui donna
le déjeûné de la maison, qu'elle avoit apprêté. L'esclave, en peu de momens, le
dévora tout entier. Virginie la voyant
rassasiée, lui dit : « Pauvre misérable!
« j'ai envie d'aller demander votre grace
« à votre maître; en vous voyant, il sera
« touché de pitié. Voulez-vous me con-
« duire chez lui ? — Ange de Dieu, re-
« partit la négresse, je vous suivrai par-
« tout où vous voudrez. » Virginie appela
son frère, et le pria de l'accompagner.
L'esclave maronne les conduisit par des
sentiers, au milieu des bois, à travers de
hautes montagnes, qu'ils grimpèrent avec
bien de la peine, et de larges rivières qu'ils
passèrent à gué. Enfin, vers le milieu du
jour, ils arrivèrent au bas d'un morne,
sur les bords de la Rivière-noire. Ils
aperçurent là une maison bien bâtie, des

plantations considérables, et un grand nombre d'esclaves occupés à toutes sortes de travaux. Leur maître se promenoit au milieu d'eux, une pipe à la bouche et un rotin à la main. C'étoit un grand homme sec, olivâtre, aux yeux enfoncés et aux sourcils noirs et joints. Virginie, toute émue, tenant Paul par le bras, s'approcha de l'habitant, et le pria, pour l'amour de Dieu, de pardonner à son esclave, qui étoit à quelque pas de là derrière eux. D'abord l'habitant ne fit pas grand compte de ces deux enfans pauvrement vêtus; mais quand il eut remarqué la taille élégante de Virginie, sa belle tête blonde sous une capote bleue, et qu'il eut entendu le doux son de sa voix qui trembloit, ainsi que tout son corps, en lui demandant grâce, il ôta sa pipe de sa bouche, et levant son rotin vers le ciel, il jura par un affreux serment, qu'il pardonnoit à son esclave, non pas pour l'amour de Dieu, mais pour l'amour d'elle. Virginie aussitôt fit signe à l'esclave de s'avancer vers son maître ; puis elle s'enfuit, et Paul courut après elle.

Ils remontèrent ensemble le revers du morne par où ils étoient descendus, et parvenus à son sommet, ils s'assirent sous un arbre, accablés de lassitude, de faim et de soif. Ils avoient fait à jeun plus de cinq lieues depuis le lever du soleil. Paul dit à Virginie : « Ma sœur, il est plus de
« midi, tu as faim et soif ; nous ne trou-
« verons point ici à dîner ; redescendons le
« morne, et allons demander à manger au
« maître de l'esclave.—Oh non, mon ami,
« reprit Virginie, il m'a fait trop de peur.
« Souviens-toi de ce que dit quelquefois
« maman : Le pain du méchant remplit la
« bouche de gravier. — Comment ferons-
« nous donc, dit Paul ? Ces arbres ne pro-
« duisent que de mauvais fruits. Il n'y a
« pas seulement ici un tamarin ou un
« citron pour te rafraîchir. — Dieu aura
« pitié de nous, repartit Virginie ; il

« exauce la voix des petits oiseaux qui lui
« demandent de la nourriture. » A peine
avoit-elle dit ces mots, qu'ils entendirent
le bruit d'une source qui tomboit d'un
rocher voisin. Ils y coururent, et après
s'être désaltérés avec ses eaux plus claires
que le cristal, ils cueillirent et mangèrent un peu de cresson qui croissoit sur
ses bords. Comme ils regardoient de côté
et d'autre s'ils ne trouveroient pas quelque
nourriture plus solide, Virginie aperçut,
parmi les arbres de la forêt, un jeune palmiste. Le chou que la cime de cet arbre
renferme au milieu de ses feuilles, est un
fort bon manger ; mais quoique sa tige
ne fût pas plus grosse que la jambe, elle
avoit plus de soixante pieds de hauteur.
A la vérité, le bois de cet arbre n'est
formé que d'un paquet de filamens ; mais
son aubier est si dur, qu'il fait rebrousser
les meilleures haches, et Paul n'avoit pas
même un couteau. L'idée lui vint de
mettre le feu au pied de ce palmiste : autre

embarras ; il n'avoit point de briquet, et d'ailleurs, dans cette île si couverte de rochers, je ne crois pas qu'on puisse trouver une seule pierre à fusil. La nécessité donne de l'industrie, et souvent les inventions les plus utiles, ont été dues aux hommes les plus misérables. Paul résolut d'allumer du feu à la manière des noirs. Avec l'angle d'une pierre, il fit un petit trou sur une branche d'arbre bien sèche, qu'il assujettit sous ses pieds ; puis, avec le tranchant de cette pierre, il fit une pointe à un autre morceau de branche également sèche, mais d'une espèce de bois différent. Il posa ensuite ce morceau de bois pointu dans le petit trou de la branche qui étoit sous ses pieds, et le faisant rouler rapidement entre ses mains, comme on roule un moulinet dont on veut faire mousser du chocolat, en peu de momens, il vit sortir du point de contact, de la fumée et des étincelles. Il ramassa des herbes sèches et d'autres branches d'arbres, et mit le feu au pied du palmiste, qui, bientôt après, tomba avec un grand fracas. Le feu lui servit encore à dépouiller le chou de l'enveloppe de ses longues feuilles ligneuses et piquantes. Virginie et lui mangèrent une partie de ce chou crue, et l'autre cuite sous la cendre, et ils les trouvèrent également savoureuses. Ils firent ce repas frugal remplis de joie, par le souvenir de la bonne action qu'ils avoient faite le matin; mais cette joie étoit troublée par l'inquiétude où ils se doutoient bien que leur longue absence de la maison jetteroit leurs mères. Virginie revenoit souvent sur cet objet; cependant Paul, qui sentoit ses forces rétablies, l'assura qu'ils ne tarderoient pas à tranquilliser leurs parens.

Après dîné, ils se trouvèrent bien embarrassés; car ils n'avoient plus de guide pour les reconduire chez eux. Paul, qui ne s'étonnoit de rien, dit à Virginie: « Notre case est vers le soleil du milieu « du jour; il faut que nous passions,

« comme ce matin, par dessus cette mon-
« tagne que tu vois là-bas avec ses trois
« pitons. Allons, marchons, mon amie. »
Cette montagne étoit celle des Trois-mamelles (1), ainsi nommée, parce que ses trois pitons en ont la forme. Ils descendirent donc le morne de la Rivière-noire du côté du nord, et arrivèrent, après une heure de marche, sur les bords d'une large rivière qui barroit leur chemin. Cette grande partie de l'île toute couverte de

---

(1) Il y a beaucoup de montagnes dont les sommets sont arrondis en forme de mamelles, et qui en portent le nom dans toutes les langues. Ce sont en effet de véritables mamelles; car ce sont d'elles que découlent beaucoup de rivières et de ruisseaux, qui répandent l'abondance sur la terre. Elles sont les sources des principaux fleuves qui l'arrosent, et elles fournissent constamment à leurs eaux, en attirant sans cesse les nuages autour du piton de rocher qui les surmonte à leur centre comme un mamelon. Nous avons indiqué ces prévoyances admirables de la nature dans nos études précédentes.

forêts, est si peu connue, même aujourd'hui, que plusieurs de ses rivières et de ses montagnes n'y ont pas encore de nom. La rivière sur le bord de laquelle ils étoient, coule en bouillonnant sur un lit de roches. Le bruit de ses eaux effraya Virginie ; elle n'osa y mettre les pieds pour la passer à gué. Paul alors prit Virginie sur son dos, et passa, ainsi chargé, sur les roches glissantes de la rivière, malgré le tumulte de ses eaux. « N'aie pas peur, lui disoit-il ; « je me sens bien fort avec toi. Si l'habitant « de la Rivière-noire t'avoit refusé la grace « de son esclave, je me serois battu avec « lui. — Comment, dit Virginie, avec « cet homme si grand et si méchant ? A « quoi t'ai-je exposé ? Mon Dieu ! qu'il est « difficile de faire le bien ! il n'y a que « le mal de facile à faire. » Quand Paul fut sur le rivage, il voulut continuer sa route chargé de sa sœur, et il se flattoit de monter ainsi la montagne des Trois-mamelles, qu'il voyoit devant lui à une

demi-lieue de là ; mais bientôt les forces
lui manquèrent, et il fut obligé de la mettre à terre, et de se reposer auprès d'elle.
Virginie lui dit alors : » Mon frère, le
« jour baisse; tu as encore des forces, et
« les miennes me manquent ; laisse-moi
« ici, et retourne seul à notre case, pour
« tranquilliser nos mères. — Oh ! non,
« dit Paul, je ne te quitterai pas. Si la
« nuit nous surprend dans ces bois, j'allu-
« merai du feu, j'abattrai des palmistes,
« tu en mangeras le chou, et je ferai avec
« ses feuilles un ajoupa pour te mettre à
« l'abri. » Cependant Virginie s'étant un
peu reposée, cueillit sur le tronc d'un vieux
arbre penché sur le bord de la rivière,
de longues feuilles de scolopendre qui
pendoient de son tronc. Elle en fit des
espèces de brodequins dont elle s'entoura
les pieds, que les pierres des chemins
avoient mis en sang; car, dans l'empressement d'être utile, elle avoit oublié de se
chausser. Se sentant soulagée par la fraî-

cheur de ces feuilles, elle rompit une branche de bambou, et se mit en marche, en s'appuyant d'une main sur ce roseau, et de l'autre sur son frère.

Ils cheminoient ainsi doucement à travers les bois; mais la hauteur des arbres et l'épaisseur de leurs feuillages, leur firent bientôt perdre de vue la montagne des Trois-mamelles, sur laquelle ils se dirigeoient, et même le soleil, qui étoit déja près de se coucher. Au bout de quelque temps, ils quittèrent, sans s'en apercevoir, le sentier frayé dans lequel ils avoient marché jusqu'alors, et ils se trouvèrent dans un labyrinthe d'arbres, de lianes et de roches, qui n'avoit plus d'issue. Paul fit asseoir Virginie, et se mit à courir çà et là, tout hors de lui, pour chercher un chemin hors de ce fourré épais; mais il se fatigua en vain. Il monta au haut d'un grand arbre, pour découvrir au moins la montagne des Trois-mamelles; mais il n'aperçut autour de lui que les cimes des arbres, dont quelques-unes étoient éclairées par les derniers rayons du soleil couchant. Cependant l'ombre des montagnes couvroit déja les forêts dans les vallées; le vent se calmoit, comme il arrive au coucher du soleil; un profond silence régnoit dans ces solitudes, et on n'y entendoit d'autre bruit que le bramement des cerfs, qui venoient chercher leur gîte dans ces lieux écartés. Paul, dans l'espoir que quelque chasseur pourroit l'entendre, cria alors de toute sa force : « Venez, venez « au secours de Virginie ! » Mais les seuls échos de la forêt répondirent à sa voix, et répétèrent à plusieurs reprises : « Virgi- « nie,..... Virginie. »

Paul descendit alors de l'arbre, accablé de fatigue et de chagrin : il chercha les moyens de passer la nuit dans ce lieu; mais il n'y avoit ni fontaine, ni palmiste, ni même de branches de bois sec propre à allumer du feu. Il sentit alors, par son expérience, toute la foiblesse de ses ressources,

et il se mit à pleurer. Virginie lui dit :
« Ne pleure point, mon ami, si tu ne veux
« m'accabler de chagrin. C'est moi qui suis
« la cause de toutes tes peines, et de celles
« qu'éprouvent maintenant nos mères. Il ne
« faut rien faire, pas même le bien, sans
« consulter ses parens. Oh ! j'ai été bien
« imprudente ! » et elle se prit à verser des
larmes. Cependant elle dit à Paul : « Prions
« Dieu, mon frère, et il aura pitié de nous. »
A peine avoient-ils achevé leur prière,
qu'ils entendirent un chien aboyer. « C'est,
« dit Paul, le chien de quelque chasseur
« qui vient le soir tuer des cerfs à l'affût. »
Peu après, les aboiemens du chien redoublèrent. « Il me semble, dit Virginie, que
« c'est Fidèle, le chien de notre case. Oui,
« je reconnois sa voix : serions-nous si près
» d'arriver, et au pied de notre monta-
« gne ? » En effet, un moment après,
Fidèle étoit à leurs pieds, aboyant, hurlant, gémissant et les accablant de caresses.
Comme ils ne pouvoient revenir de leur

surprise, ils aperçurent Domingue qui accouroit à eux. A l'arrivée de ce bon noir, qui pleuroit de joie, ils se mirent aussi à pleurer, sans pouvoir lui dire un mot. Quand Domingue eut repris ses sens : « O mes jeunes maîtres, leur dit-il, que « vos mères ont d'inquiétudes ! comme elles « ont été étonnées, quand elles ne vous « ont plus trouvés au retour de la messe où « je les accompagnois ! Marie, qui travail-« loit dans un coin de l'habitation, n'a su « nous dire où vous étiez allés. J'allois, je « venois autour de l'habitation, ne sachant « moi-même de quel côté vous chercher. « Enfin j'ai pris vos vieux habits à l'un et « à l'autre (1), je les ai fait flairer à Fidèle, « et sur-le-champ, comme si ce pauvre

---

[1] Ce trait de sagacité du noir Domingue et de son chien Fidèle, ressemble beaucoup à celui du sauvage Téwénissa et de son chien Oniah, rapporté par M. de Crevecœur, dans son ouvrage plein d'humanité, intitulé : *Lettres d'un Cultivateur américain.*

« animal m'eût entendu, il s'est mis à
« quêter sur vos pas. Il m'a conduit, tou-
« jours en remuant la queue, jusqu'à la
« Rivière-noire. C'est là où j'ai appris d'un
« habitant, que vous lui aviez ramené une
« négresse maronne, et qu'il vous avoit
« accordé sa grace. Mais quelle grace ! il me
« l'a montrée attachée, avec une chaîne au
« pied, à un billot de bois, et avec un collier
« de fer à trois crochets autour du cou. De
« là Fidèle, toujours quêtant, m'a mené
« sur le morne de la Rivière-noire, où il
« s'est arrêté encore, en aboyant de toute
« sa force. C'étoit sur le bord d'une source,
« auprès d'un palmiste abattu, et près d'un
« feu qui fumoit encore : enfin il m'a con-
« duit ici. Nous sommes au pied de la
« montagne des Trois-mamelles, et il y a
« encore quatre bonnes lieues jusque chez
« nous. Allons, mangez et prenez des for-
« ces. » Il leur présenta aussitôt un gâteau,
des fruits, et une grande calebasse remplie
d'une liqueur composée d'eau, de vin, de

jus de citron, de sucre et de muscade, que leurs mères avoient préparée pour les fortifier et les rafraîchir. Virginie soupira au souvenir de la pauvre esclave, et des inquiétudes de leurs mères. Elle répéta plusieurs fois : « Oh, qu'il est difficile de faire « le bien ! » Pendant que Paul et elle se rafraîchissoient, Domingue alluma du feu, et ayant cherché dans les rochers un bois tortu, qu'on appelle bois de ronde, et qui brûle tout verd, en jetant une grande flamme, il en fit un flambeau qu'il alluma ; car il étoit déja nuit. Mais il éprouva un embarras bien plus grand, quand il fallut se mettre en route : Paul et Virginie ne pouvoient plus marcher ; leurs pieds étoient enflés et tout rouges. Domingue ne savoit s'il devoit aller bien loin de là leur chercher du secours, ou passer dans ce lieu la nuit avec eux. « Où est le temps, « leur disoit-il, où je vous portois tous « deux à-la-fois dans mes bras ? mais main-« tenant vous êtes grands, et je suis vieux. »

Comme il étoit dans cette perplexité, une troupe de noirs marons se fit voir à vingt pas de là. Le chef de cette troupe s'approchant de Paul et de Virginie, leur dit : « Bons petits blancs, n'ayez pas peur ; nous « vous avons vu passer ce matin avec une « négresse de la Rivière-noire ; vous alliez « demander sa grace à son mauvais maître. « En reconnoissance, nous vous reporte- « rons chez vous sur nos épaules. » Alors il fit un signe, et quatre noirs marons des plus robustes firent aussitôt un brancard avec des branches d'arbres et des lianes, y placèrent Paul et Virginie, les mirent sur leurs épaules, et Domingue marchant devant eux avec son flambeau, ils se mirent en route, aux cris de joie de toute la troupe, qui les combloit de bénédictions. Virginie attendrie, disoit à Paul : « Oh, « mon ami ! jamais Dieu ne laisse un bien- « fait sans récompense. »

Ils arrivèrent vers le milieu de la nuit au pied de leur montagne, dont les croupes étoient éclairées de plusieurs feux. A peine ils la montoient, qu'ils entendirent des voix qui crioient : « Est-ce vous, mes en-« fans ? » Ils répondirent avec les noirs : « Oui, c'est nous ! » et bientôt ils aperçurent leurs mères et Marie qui venoient au devant d'eux avec des tisons flambans. « Malheureux enfans, dit madame de la « Tour, d'où venez-vous ? dans quelles an-« goisses vous nous avez jetées ! — Nous « venons, dit Virginie, de la Rivière-noire, « demander la grace d'une pauvre esclave « maronne, à qui j'ai donné ce matin le « déjeûné de la maison, parce qu'elle mou-« roit de faim ; et voilà que les noirs marons « nous ont ramenés. » Madame de la Tour embrassa sa fille, sans pouvoir parler ; et Virginie, qui sentit son visage mouillé des larmes de sa mère, lui dit : « Vous me « payez de tout le mal que j'ai souffert ! » Marguerite, ravie de joie, serroit Paul dans ses bras, et lui disoit : « Et toi aussi, « mon fils, tu as fait une bonne action. »

Quand elles furent arrivées dans leur case avec leurs enfans, elles donnèrent bien à manger aux noirs marons, qui s'en retournèrent dans leurs bois; en leur souhaitant toute sorte de prospérités.

Chaque jour étoit pour ces familles un jour de bonheur et de paix. Ni l'envie, ni l'ambition ne les tourmentoient. Elles ne désiroient point au dehors une vaine réputation que donne l'intrigue, et qu'ôte la calomnie. Il leur suffisoit d'être à elles-mêmes leurs témoins et leurs juges. Dans cette île, où, comme dans toutes les colonies européennes, on n'est curieux que d'anecdotes malignes, leurs vertus et même leurs noms étoient ignorés. Seulement, quand un passant demandoit sur le chemin des Pamplemousses, à quelques habitans de la plaine : « Qui est-ce qui demeure là-« haut dans ces petites cases ? » ceux-ci répondoient, sans les connoître : « Ce sont de « bonnes gens. » Ainsi des violettes, sous des buissons épineux, exhalent au loin leurs doux parfums, quoiqu'on ne les voie pas.

Elles avoient banni de leurs conversations, la médisance, qui, sous une apparence de justice, dispose nécessairement le cœur à la haine ou à la fausseté ; car il est impossible de ne pas haïr les hommes, si on les croit méchans, et de vivre avec les méchans, si on ne leur cache sa haine sous de fausses apparences de bienveillance. Ainsi la médisance nous oblige d'être mal avec les autres ou avec nous-mêmes. Mais, sans juger les hommes en particulier, elles ne s'entretenoient que des moyens de faire du bien à tous en général, et quoiqu'elles n'en eussent pas le pouvoir, elles en avoient une volonté perpétuelle, qui les remplissoit d'une bienveillance toujours prête à s'étendre au dehors. En vivant donc dans la solitude, loin d'être sauvages, elles étoient devenues plus humaines. Si l'histoire scandaleuse de la société ne fournissoit point de matière à leurs conversations, celle de la nature les remplissoit de ravissement et de joie. Elles admiroient avec transport le pouvoir d'une Providence qui, par leurs mains, avoit répandu au milieu de ces arides rochers, l'abondance, les graces, les plaisirs purs, simples et toujours renaissans.

Paul, à l'âge de douze ans, plus robuste et plus intelligent que les Européens à quinze, avoit embelli ce que le noir Domingue ne faisoit que cultiver. Il alloit avec lui dans les bois voisins, déraciner de jeunes plants de citronniers, d'orangers, de tamarins, dont la tête ronde est d'un si beau vert, et d'attiers, dont le fruit est plein d'une crème sucrée qui a le parfum de la fleur d'orange. Il plantoit ces arbres, déja grands, autour de cette enceinte. Il y avoit semé des graines d'arbres, qui, dès la seconde année, portent des fleurs ou des fruits, tels que l'agathis, où pendent tout autour, comme les cristaux d'un lustre, de longues grappes de fleurs blanches; le lilas de Perse, qui élève droit en l'air ses girandoles gris de lin; le papayer, dont le tronc sans branches, formé en colonne hérissée de melons verts, porte un chapiteau de larges feuilles semblables à celles du figuier.

Il y avoit planté encore des pepins, et des noyaux de badamiers, de manguiers, d'avocats, de goyaviers, de jacqs et de jam-roses. La plupart de ces arbres donnoient déja à leur jeune maître, de l'ombrage et des fruits. Sa main laborieuse avoit répandu la fécondité jusque dans les lieux les plus stériles de cet enclos. Diverses espèces d'aloès, la raquette chargée de fleurs jaunes fouettées de rouge, les cierges épineux, s'élevoient sur les têtes noires des roches, et sembloient vouloir atteindre aux longues lianes, chargées de fleurs bleues ou écarlates, qui pendoient çà et là, le long des escarpemens de la montagne.

Il avoit disposé ces végétaux de manière qu'on pouvoit jouir de leur vue d'un seul coup-d'œil. Il avoit planté au milieu de ce bassin, les herbes qui s'élèvent peu, ensuite les arbrisseaux, puis les arbres moyens, et enfin les grands arbres, qui en bordoient la circonférence ; de sorte que ce vaste enclos paroissoit de son centre, comme un amphithéâtre de verdure, de fruits et de fleurs, renfermant des plantes potagères, des lisières de prairies, et des champs de riz et de blé. Mais en assujettissant ces végétaux à son plan, il ne s'étoit pas écarté de celui de la nature. Guidé par ses indications, il avoit mis dans les lieux élevés, ceux dont les semences sont volatiles, et sur le bord des eaux, ceux dont les graines sont faites pour flotter. Ainsi, chaque végétal croissoit dans son site propre, et chaque site recevoit de son végétal sa parure naturelle. Les eaux qui descendent du sommet des ces rochers, formoient au fond du vallon, ici des fontaines, là de larges miroirs qui répétoient au milieu de la verdure, les arbres en fleurs, les rochers, et l'azur des cieux.

Paul et Virginie demandent à un habitant la grace de son esclave.

Malgré la grande irrégularité de ce terrain, toutes ces plantations étoient pour la plupart, aussi accessibles au toucher qu'à la vue. A la vérité, nous l'aidions tous de nos conseils et de nos secours, pour en venir à bout. Il avoit pratiqué un sentier qui tournoit autour de ce bassin, et dont plusieurs rameaux venoient se rendre de la circonférence au centre. Il avoit tiré parti des lieux les plus raboteux, et accordé, par la plus heureuse harmonie, la facilité de la promenade avec l'aspérité du sol, et les arbres domestiques avec les sauvages. De cette énorme quantité de pierres roulantes qui embarrasse maintenant ces chemins, ainsi que la plupart du terrain de cette île, il avoit formé çà et là des pyramides, dans les assises desquelles il avoit mêlé de la terre et des racines de rosiers, de poincillades et d'autres arbrisseaux qui se plaisent dans les roches. En peu de temps, ces pyramides sombres et brutes furent couvertes de verdure, ou de l'éclat des plus belles fleurs. Les ravins bordés de vieux arbres inclinés sur leurs bords, formoient des souterrains voûtés, inaccessibles à la chaleur, où on alloit prendre le frais pendant le jour. Un sentier conduisoit dans un bosquet d'arbres sauvages, au centre duquel croissoit, à l'abri des vents, un arbre domestique chargé de fruits. Là étoit une moisson, ici un verger. Par cette avenue, on apercevoit les maisons; par cette autre, les sommets inaccessibles de la montagne. Sous un bocage touffu de tatamaques entrelassés de lianes, on ne distinguoit en plein midi aucun objet: sur la pointe de ce grand rocher voisin, qui sort de la montagne, on découvroit tous ceux de cet enclos, avec la mer au loin, où apparoissoit quelquefois un vaisseau qui venoit de l'Europe, ou qui y retournoit. C'étoit sur ce rocher que ces familles se rassembloient le soir, et jouissoient en silence de la fraîcheur de l'air, du parfum des fleurs, du murmure des fontaines, et des dernières harmonies de la lumière et des ombres.

Rien n'étoit plus agréable que les noms donnés à la plupart des retraites charmantes de ce labyrinthe. Ce rocher dont je viens de vous parler, d'où l'on me voyoit venir de bien loin, s'appeloit la DÉCOUVERTE DE L'AMITIÉ. Paul et Virginie, dans leurs jeux, y avoient planté un bambou, au haut duquel ils élevoient un petit mouchoir blanc, pour signaler mon arrivée dès qu'ils m'apercevoient, ainsi qu'on élève un pavillon sur la montagne voisine, à la vue d'un vaisseau en mer. L'idée me vint de graver une inscription sur la tige de ce roseau. Quelque plaisir que j'aie eu dans mes voyages, à voir une statue ou un monument de l'antiquité, j'en ai encore davantage à lire une inscription bien faite. Il me semble alors qu'une voix humaine sorte de la pierre, se fasse entendre à travers les siècles, et s'adressant à l'homme au milieu des déserts, lui dise qu'il n'est pas seul, et que d'autres hommes, dans ces mêmes lieux, ont senti, pensé et souffert comme lui. Que si cette inscription est de quelque nation ancienne qui ne subsiste plus, elle étend notre ame dans les champs de l'infini, et lui donne le sentiment de son immortalité, en lui montrant qu'une pensée a survécu à la ruine même d'un empire.

J'écrivis donc sur le petit mât de pavillon de Paul et de Virginie, ces vers d'Horace :

.... Fratres Helenæ, lucida sidera,
Ventorumque regat pater,
Obstrictis aliis, præter Iapyga.

« Que les frères d'Hélène, astres char-
« mans comme vous, et que le père des
« vents vous dirigent, et ne fassent souffler
« que le zéphyre. »

Je gravai ce vers de Virgile sur l'écorce d'un tatamaque, à l'ombre duquel Paul s'asseyoit quelquefois pour regarder au loin la mer agitée :

Fortunatus et ille déos qui novit agrestes !

« Heureux, mon fils, de ne connoître
« que les divinités champêtres ! »

Et cet autre au dessus de la porte de la cabane de madame de la Tour, qui étoit leur lieu d'assemblée.

At secura quies, et nescia fallere vita.

« Ici est une bonne conscience, et une
« vie qui ne sait pas tromper. »

Mais Virginie n'approuvoit point mon latin : elle disoit que ce que j'avois mis au pied de sa girouette étoit trop long et trop savant.« J'eusse mieux aimé, ajoutoit-elle:
« TOUJOURS AGITÉE, MAIS CONS-
« TANTE. — Cette devise, lui répondis-
« je, conviendroit encore mieux à la vertu.»
Ma réflexion la fit rougir.

Ces familles heureuses étendoient leurs ames sensibles à tout ce qui les environnoit. Elles avoient donné les noms les plus tendres aux objets en apparence les plus indifférens. Un cercle d'orangers, de bananiers et de jam-roses plantés autour d'une pelouse, au milieu de laquelle Virginie et

Paul alloient quelquefois danser, se nommoit LA CONCORDE. Un vieux arbre, à l'ombre duquel madame de la Tour et Marguerite s'étoient raconté leurs malheurs, s'appeloit LES PLEURS ESSUYÉS. Elles faisoient porter les noms de BRETAGNE et de NORMANDIE, à de petites portions de terre où elles avoient semé du blé, des fraises et des pois. Domingue et Marie désirant, à l'imitation de leurs maîtresses, se rappeler les lieux de leur naissance en Afrique, appeloient ANGOLA et FOULLEPOINTE, deux endroits où croissoit l'herbe dont ils faisoient des paniers, et où ils avoient planté un calebassier. Ainsi, par ces productions de leurs climats, ces familles expatriées entretenoient les douces illusions de leur pays, et en calmoient les regrets dans une terre étrangère. Hélas! j'ai vu s'animer de mille appellations charmantes, les arbres, les fontaines, les rochers de ce lieu maintenant si bouleversé, et qui, semblable à un champ de la

Grèce, n'offre plus que des ruines et des noms touchans.

Mais de tout ce que renfermoit cette enceinte, rien n'étoit plus agréable que ce qu'on appeloit le REPOS DE VIRGINIE. Au pied du rocher la DÉCOUVERTE DE L'AMITIÉ, est un enfoncement d'où sort une fontaine, qui forme, dès sa source, une petite flaque d'eau, au milieu d'un pré d'une herbe fine. Lorsque Marguerite eut mis Paul au monde, je lui fis présent d'un coco des Indes qu'on m'avoit donné. Elle planta ce fruit sur le bord de cette flaque d'eau, afin que l'arbre qu'il produiroit servît un jour d'époque à la naissance de son fils. Madame de la Tour, à son exemple, y en planta un autre, dans une semblable intention, dès qu'elle eut accouché de Virginie. Il naquit de ces deux fruits, deux cocotiers qui formoient toutes les archives de ces deux familles; l'un se nommoit l'arbre de Paul, et l'autre, l'arbre de Virginie. Ils crurent tous deux, dans la même proportion que leurs jeunes maîtres, d'une hauteur un peu inégale, mais qui surpassoit au bout de douze ans celle de leurs cabanes. Déja ils entrelaçoient leurs palmes, et laissoient pendre leurs jeunes grappes de cocos, au dessus du bassin de la fontaine. Excepté cette plantation, on avoit laissé cet enfoncement du rocher tel que la nature l'avoit orné. Sur ses flancs bruns et humides, rayonnoient en étoiles vertes et noires, de larges capillaires, et flottoient au gré des vents, des touffes de scolopendre, suspendues comme de longs rubans d'un vert pourpré. Près de là croissoient des lisières de pervenche, dont les fleurs sont presque semblables à celles de la giroflée rouge, et des pimens, dont les gousses, couleur de sang, sont plus éclatantes que le corail. Aux environs, l'herbe de baume, dont les feuilles sont en cœur, et les basilics à odeur de girofle, exhaloient les plus doux parfums. Du haut de l'escarpement de la montagne, pendoient des lianes semblables à des draperies flottantes, qui formoient sur les flancs des rochers de grandes courtines de verdure. Les oiseaux de mer, attirés par ces retraites paisibles, y venoient passer la nuit. Au coucher du soleil, on y voyoit voler le long des rivages de la mer, le corbigeau et l'alouette marine; et au haut des airs, la noire frégate, avec l'oiseau blanc du tropique, qui abandonnoient, ainsi que l'astre du jour, les solitudes de l'océan indien. Virginie aimoit à se reposer sur les bords de cette fontaine, décorée d'une pompe à-la-fois magnifique et sauvage. Souvent elle y venoit laver le linge de la famille, à l'ombre des deux cocotiers. Quelquefois elle y menoit paître ses chèvres. Pendant qu'elle préparoit des fromages avec leur lait, elle se plaisoit à les voir brouter les capillaires sur les flancs escarpés de la roche, et se tenir en l'air sur une de ses corniches, comme sur un piédestal. Paul, voyant que ce lieu étoit aimé de Virginie, y apporta de la forêt voisine, des nids de toute sorte d'oiseaux. Les pères et les mères de ces oiseaux suivirent leurs petits, et vinrent s'établir dans cette nouvelle colonie. Virginie leur distribuoit de temps en temps des grains de riz, de maïs et de millet. Dès qu'elle paroissoit, les merles siffleurs, les bengalis, dont le ramage est si doux, les cardinaux, dont le plumage est couleur de feu, quittoient leurs buissons : des perruches vertes comme des émeraudes, descendoient des lataniers voisins; des perdrix accouroient sous l'herbe : tous s'avançoient pêle-mêle jusqu'à ses pieds, comme des poules. Paul et elle s'amusoient avec transport de leurs jeux, de leurs appétits et de leurs amours.

Aimables enfans, vous passiez ainsi dans l'innocence vos premiers jours, en vous exerçant aux bienfaits ! Combien de fois dans ce lieu, vos mères vous serrant dans leurs bras, bénissoient le ciel de la consolation que vous prépariez à leur vieillesse, et de vous voir entrer dans la vie, sous de si heureux auspices ! Combien de fois, à l'ombre de ces rochers, ai-je partagé avec elles vos repas champêtres, qui n'avoient coûté la vie à aucun animal ! Des calebasses pleines de lait, des œufs frais, des gâteaux de riz sur des feuilles de bananier, des corbeilles chargées de patates, de mangues, d'oranges, de grenades, de bananes, d'attes, d'ananas, offroient à-la-fois les mets les plus sains, les couleurs les plus gaies et les sucs les plus agréables.

La conversation étoit aussi douce et aussi innocente que ces festins. Paul y parloit souvent des travaux du jour et de ceux du lendemain. Il méditoit toujours quelque chose d'utile pour la société. Ici, les sentiers n'étoient pas commodes ; là, on étoit mal assis ; ces jeunes berceaux ne donnoient pas assez d'ombrage ; Virginie seroit mieux là.

6.

Dans la saison pluvieuse, ils passoient le jour tous ensemble dans la case, maîtres et serviteurs, occupés à faire des nattes d'herbe et des paniers de bambou. On voyoit rangés dans le plus grand ordre, aux parois de la muraille, des rateaux, des haches, des bêches, et auprès de ces instrumens de l'agriculture, les productions qui en étoient les fruits, des sacs de riz, des gerbes de blé, et des régimes de bananes. La délicatesse s'y joignoit toujours à l'abondance. Virginie, instruite par Marguerite et par sa mère, y préparoit des sorbets et des cordiaux, avec le jus des cannes à sucre, des citrons et des cédras.

La nuit venue, ils soupoient à la lueur d'une lampe; ensuite, madame de la Tour ou Marguerite racontoient quelques histoires de voyageurs égarés la nuit dans les bois de l'Europe infestés de voleurs, ou le naufrage de quelque vaisseau jeté par la tempête sur les rochers d'une île déserte. A ces récits, les ames sensibles de leurs enfans s'enflammoient. Ils prioient le ciel de leur faire la grace d'exercer quelque jour l'hospitalité envers de semblables malheureux. Cependant les deux familles se séparoient pour aller prendre du repos, dans l'impatience de se revoir le lendemain. Quelquefois elles s'endormoient au bruit de la pluie qui tomboit par torrens sur la couverture de leurs cases, ou à celui des vents, qui leur apportoient le murmure lointain des flots qui se brisoient sur le rivage. Elles bénissoient Dieu de leur sécurité personnelle, dont le sentiment redoubloit par celui du danger éloigné.

De temps en temps, madame de la Tour lisoit publiquement quelque histoire touchante de l'ancien ou du nouveau Testament. Ils raisonnoient peu sur ces livres sacrés ; car leur théologie étoit toute en sentiment, comme celle de la nature, et leur morale toute en action, comme celle de l'évangile. Ils n'avoient point de jours destinés aux plaisirs et d'autres à la tristesse.

Chaque jour étoit pour eux un jour de fête; et tout ce qui les environnoit, un temple divin, où ils admiroient sans cesse une intelligence infinie, toute-puissante, et amie des hommes. Ce sentiment de confiance dans le pouvoir suprême, les remplissoit de consolation pour le passé, de courage pour le présent, et d'espérance pour l'avenir. Voilà comme ces femmes, forcées par le malheur de rentrer dans la nature, avoient développé en elles-mêmes et dans leurs enfans, ces sentimens que donne la nature, pour nous empêcher de tomber dans le malheur.

Mais comme il s'élève quelquefois dans l'ame la mieux réglée des nuages qui la troublent, quand quelque membre de leur société paroissoit triste, tous les autres se réunissoient autour de lui, et l'enlevoient aux pensées amères, plus par des sentimens que par des réflexions. Chacun y employoit son caractère particulier : Marguerite, une gaieté vive ; madame de la

Tour, une théologie douce; Virginie, des caresses tendres; Paul, de la franchise et de la cordialité. Marie et Domingue même, venoient à son secours. Ils s'affligeoient, s'ils le voyoient affligé, et ils pleuroient, s'ils le voyoient pleurer. Ainsi, des plantes foibles s'entrelacent ensemble, pour résister aux ouragans.

Dans la belle saison, ils alloient tous les dimanches à la messe à l'église des Pamplemousses, dont vous voyez le clocher là-bas dans la plaine. Il y venoit des habitans riches, en palanquin, qui s'empressèrent plusieurs fois de faire la connoissance de ces familles si unies, et de les inviter à des parties de plaisir. Mais elles repoussèrent toujours leurs offres avec honnêteté et respect, persuadées que les gens puissans ne recherchent les foibles que pour avoir des complaisans, et qu'on ne peut être complaisant qu'en flattant les passions d'autrui, bonnes et mauvaises. D'un autre côté, elles n'évitoient pas avec moins de soin, l'accointance des petits habitans, pour l'ordinaire jaloux, médisans et grossiers. Elles passèrent d'abord auprès des uns pour timides, et auprès des autres pour fières; mais leur conduite réservée étoit accompagnée de marques de politesse si obligeantes, surtout envers les misérables, qu'elles acquirent insensiblement le respect des riches et la confiance des pauvres.

Après la messe, on venoit souvent les requérir de quelque bon office. C'étoit une personne affligée qui leur demandoit des conseils, ou un enfant qui les prioit de passer chez sa mère malade, dans un des quartiers voisins. Elles portoient toujours avec elles quelques recettes utiles aux maladies ordinaires aux habitans, et elles y joignoient la bonne grace, qui donne tant de prix aux petits services. Elles réussissoient sur-tout à bannir les peines de l'esprit, si intolérables dans la solitude et dans un corps infirme. Madame de la Tour parloit avec tant de confiance de la Divinité, que le malade, en l'écoutant, la croyoit présente. Virginie revenoit bien souvent de là, les yeux humides de larmes, mais le cœur rempli de joie; car elle avoit eu l'occasion de faire du bien. C'étoit elle qui préparoit d'avance les remèdes nécessaires aux malades, et qui les leur présentoit avec une grace ineffable. Après ces visites d'humanité, elles prolongeoient quelquefois leur chemin par la vallée de la Montagne-longue, jusque chez moi, où je les attendois à dîner, sur les bords de la petite rivière qui coule dans mon voisinage. Je me procurois, pour ces occasions, quelques bouteilles de vin vieux, afin d'augmenter la gaieté de nos repas indiens, par ces douces et cordiales productions de l'Europe. D'autres fois, nous nous donnions rendez-vous sur les bords de la mer, à l'embouchure de quelques autres petites rivières, qui ne sont guère ici que de grands ruisseaux. Nous y apportions, de l'habitation, des provisions végétales que nous joignions à celles que la mer nous fournissoit en abondance. Nous pêchions sur ses rivages, des cabots des polypes, des rougets, des langoustes, des chevrettes, des crabes, des oursins, des huitres et des coquillages de toute espèce. Les sites les plus terribles nous procuroient souvent les plaisirs les plus tranquilles. Quelquefois, assis sur un rocher, à l'ombre d'un veloutier, nous voyions les flots du large, venir se briser à nos pieds avec un horrible fracas. Paul, qui nageoit d'ailleurs comme un poisson, s'avançoit quelquefois sur les récifs, au devant des lames, puis à leur approche, il fuyoit sur le rivage, devant leur grandes volutes écumeuses et mugissantes qui le poursuivoient bien avant sur la grève. Mais Virginie, à cette vue, jetoit des cris perçans, et disoit que ces jeux-là lui faisoient grand'peur.

Nos repas étoient suivis des chants et des danses de ces deux jeunes gens. Virginie chantoit le bonheur de la vie champêtre, et les malheurs des gens de mer, que l'avarice porte à naviguer sur un élément furieux, plutôt que de cultiver la terre, qui donne paisiblement tant de biens. Quelquefois, à la manière des noirs, elle exécutoit avec Paul une pantomime. La pantomime est le premier langage de l'homme ; elle est connue de toutes les nations : elle est si naturelle et si expressive, que les enfans des blancs ne tardent pas à l'apprendre, dès qu'ils ont vu ceux des noirs s'y exercer. Virginie se rappelant, dans les lectures que lui faisoit sa mère, les histoires qui l'avoient le plus touchée, en rendoit les principaux événemens avec beaucoup de naïveté. Tantôt, au son du tamtam de Domingue, elle se présentoit sur la pelouse, portant une cruche sur sa tête; elle s'avançoit avec timidité à la source d'une fontaine voisine, pour y puiser de l'eau. Domingue et Marie, représentant les bergers de Madian, lui en défendoient l'approche, et feignoient de la repousser. Paul accouroit à son secours, battoit les bergers, remplissoit la cruche de Virginie, et en la lui posant sur la tête, il lui mettoit en même temps une couronne de fleurs rouges de pervenche, qui relevoit la blancheur de son teint. Alors, me prêtant à leurs jeux, je me chargeois du personnage de Raguel, et j'accordois à Paul ma fille Séphora en mariage.

Une autre fois, elle représentoit l'infortunée Ruth, qui retourne veuve et pauvre dans son pays, où elle se trouve étrangère après une longue absence. Domingue et Marie contrefaisoient les moissonneurs. Virginie feignoit de glaner çà et là, sur leurs pas, quelques épis de blé. Paul imitant la gravité d'un patriarche, l'interrogeoit; elle répondoit en tremblant à ses questions. Bientôt ému de pitié, il accordoit un asyle à l'innocence, et l'hospitalité à l'infortune. Il remplissoit le tablier de Virginie de toutes sortes de provisions, et l'amenoit devant nous, comme devant les anciens de la ville, en déclarant qu'il la prenoit en mariage, malgré son indigence. Madame de la Tour, à cette scène, venant à se rappeler l'abandon où l'avoient laissée ses propres parens, son veuvage, la bonne réception que lui avoit faite Marguerite, suivie maintenant de l'espoir d'un mariage heureux entre leurs enfans, ne pouvoit s'empêcher de pleurer; et ce souvenir confus de maux et de biens, nous faisoit verser à tous des larmes de douleur et de joie.

Ces drames étoient rendus avec tant de vérité, qu'on se croyoit transporté dans les champs de la Syrie ou de la Palestine. Nous ne manquions point de décorations, d'illuminations et d'orchestre convenables à ce spectacle. Le lieu de la scène étoit, pour l'ordinaire, au carrefour d'une forêt, dont les percés formoient autour de nous plusieurs arcades de feuillage. Nous étions à leur centre abrités de la chaleur pendant toute la journée; mais quand le soleil étoit descendu à l'horizon, ses rayons brisés par les troncs des arbres, divergeoient dans les ombres de la forêt, en longues gerbes lumineuses, qui produisoient le plus majestueux effet. Quelquefois son disque tout entier paroissoit à l'extrémité d'une avenue, et la rendoit toute étincelante de lumière. Le feuillage des arbres éclairé en dessous de ses rayons safranés, brilloit des feux de la topaze et de l'émeraude. Leurs troncs mousseux et bruns paroissoient changés en colonnes de bronze antique, et les oiseaux déja retirés en silence sous la sombre feuillée, pour y passer la nuit, surpris de revoir une seconde aurore, saluoient tous à-la-fois l'astre du jour par mille et mille chansons.

La nuit nous surprenoit bien souvent dans ces fêtes champêtres; mais la pureté de l'air, et la douceur du climat, nous permettoit de dormir sous un ajoupa, au milieu des bois, sans craindre d'ailleurs les voleurs, ni de près ni de loin. Chacun, le lendemain, retournoit dans sa case, et la retrouvoit dans l'état où il l'avoit laissée. Il y avoit alors tant de bonne-foi et de simplicité dans cette île sans commerce, que les portes de beaucoup de maisons ne fermoient point à la clef, et qu'une serrure étoit un objet de curiosité pour plusieurs créoles.

Mais il y avoit dans l'année des jours qui étoient, pour Paul et Virginie, des jours de plus grande réjouissance; c'étoient les fêtes de leurs mères. Virginie ne manquoit pas, la veille, de pétrir et de cuire des gâteaux de farine de froment, qu'elle envoyoit à de pauvres familles de blancs, nées dans l'île, qui n'avoient jamais mangé de pain d'Europe, et qui, sans aucun secours de noirs, réduites à vivre de manioc au milieu des bois, n'avoient, pour supporter la pauvreté, ni la stupidité qui accompagne l'esclavage, ni le courage qui vient de l'éducation. Ces gâteaux étoient les seuls présens que Virginie pût faire de l'aisance de l'habitation; mais elle y joignoit une bonne grace qui leur donnoit un grand prix. D'abord, c'étoit Paul qui étoit chargé de les porter lui-même à ces familles, et elles s'engageoient, en les recevant, de venir le lendemain passer la journée chez madame de la Tour et Marguerite. On voyoit alors arriver une mère de famille avec deux ou trois misérables filles, jaunes, maigres, et si timides qu'elles n'osoient lever les yeux. Virginie les mettoit bientôt à leur aise; elle leur servoit des rafraîchissemens dont elle relevoit la bonté par quelque circonstance particulière, qui en augmentoit selon elle l'agrément : cette liqueur avoit été préparée par Marguerite, cette autre par sa mère; son frère avoit cueilli lui-même ce fruit au haut d'un arbre. Elle engageoit Paul à les faire danser. Elle ne les quittoit point qu'elle ne les vît contentes et satisfaites. Elle vouloit qu'elles fussent joyeuses de la joie de sa famille. « On ne fait son

« bonheur, disoit-elle, qu'en s'occupant
« de celui des autres. » Quand elles s'en
retournoient, elle les engageoit d'emporter
ce qui paroissoit leur avoir fait plaisir,
couvrant la nécessité d'agréer ses présens,
du prétexte de leur nouveauté ou de leur
singularité. Si elle remarquoit trop de
délabrement dans leurs habits, elle choisissoit, avec l'agrément de sa mère, quelques-uns des siens, et elle chargeoit Paul
d'aller secrètement les déposer à la porte
de leurs cases. Ainsi elle faisoit le bien,
à l'exemple de la divinité, cachant la
bienfaitrice, et montrant le bienfait.

Vous autres Européens, dont l'esprit se
remplit dès l'enfance, de tant de préjugés contraires au bonheur, vous ne pouvez
concevoir que la nature puisse donner tant
de lumières et de plaisirs. Votre ame circonscrite dans une petite sphère de connoissances humaines, atteint bientôt le
terme de ses jouissances artificielles ; mais
la nature et le cœur sont inépuisables.

Paul et Virginie n'avoient ni horloges, ni almanachs, ni livres de chronologie, d'histoire et de philosophie. Les périodes de leur vie se régloient sur celles de la nature. Ils connoissoient les heures du jour, par l'ombre des arbres ; les saisons, par les temps où ils donnent leurs fleurs ou leurs fruits, et les années par le nombre de leurs récoltes. Ces douces images répandoient les plus grands charmes dans leurs conversations. « Il est temps de « dîner, disoit Virginie à la famille, les « ombres des bananiers sont à leurs pieds; » ou bien : « La nuit s'approche, les tama-« rins ferment leurs feuilles. — Quand « viendrez-vous nous voir ? lui disoient « quelques amies du voisinage. — Aux « cannes de sucre, répondoit Virginie. — « Votre visite nous sera encore plus douce « et plus agréable, reprenoient ces jeunes « filles. » Quand on l'interrogeoit sur son âge et sur celui de Paul : « Mon frère, « disoit-elle, est de l'âge du grand cocotier

« de la fontaine, et moi de celui du plus « petit. Les manguiers ont donné douze « fois leurs fruits, et les orangers vingt-« quatre fois leurs fleurs, depuis que je « suis au monde. » Leur vie sembloit attachée à celle des arbres, comme celle des faunes et des dryades. Ils ne connoissoient d'autres époques historiques que celles de la vie de leurs mères, d'autre chronologie que celle de leurs vergers, et d'autre philosophie que de faire du bien à tout le monde, et de se résigner à la volonté de Dieu.

Après tout, qu'avoient besoin ces jeunes gens d'être riches et savans à notre manière ? leurs besoins et leur ignorance ajoutoient encore à leur félicité. Il n'y avoit point de jours qu'ils ne se communiquassent quelques secours ou quelques lumières ; oui, des lumières ; et quand il s'y seroit mêlé quelques erreurs, l'homme pur n'en a point de dangereuses à craindre. Ainsi croissoient ces deux enfans de la nature. Aucun souci n'avoit ridé leur front, aucune intempérance n'avoit corrompu leur sang, aucune passion malheureuse n'avoit dépravé leur cœur : l'amour, l'innocence, la piété, développoient chaque jour la beauté de leur ame en graces ineffables, dans leurs traits, leurs attitudes et leurs mouvemens. Au matin de la vie, ils en avoient toute la fraîcheur : tels dans le jardin d'Eden parurent nos premiers parens, lorsque sortant des mains de Dieu, ils se virent, s'approchèrent, et conversèrent d'abord comme frère et comme sœur ; Virginie, douce, modeste, confiante comme Eve ; et Paul, semblable à Adam, ayant la taille d'un homme avec la simplicité d'un enfant.

Quelquefois seul avec elle (il me l'a mille fois raconté), il lui disoit au retour de ses travaux : « Lorsque je suis fatigué, « ta vue me délasse. Quand du haut de la « montagne, je t'aperçois au fond de ce « vallon, tu me parois, au milieu de nos « vergers, comme un bouton de rose. Si tu

« marches vers la maison de nos mères,
« la perdrix qui court vers ses petits, a un
« corsage moins beau et une démarche
« moins légère. Quoique je te perde de
« vue à travers les arbres, je n'ai pas
« besoin de te voir pour te retrouver; quel-
« que chose de toi que je ne puis dire, reste
« pour moi dans l'air où tu passes, sur
« l'herbe où tu t'assieds. Lorsque je t'ap-
« proche, tu ravis tous mes sens. L'azur
« du ciel est moins beau que le bleu de tes
« yeux; le chant des bengalis, moins doux
» que le son de ta voix. Si je te touche
« seulement du bout du doigt, tout mon
« corps frémit de plaisir. Souviens-toi du
« jour où nous passâmes à travers les cail-
« loux roulans de la rivière des Trois-ma-
» melles. En arrivant sur ses bords, j'étois
« déja bien fatigué ; mais quand je t'eus
« pris sur mon dos, il me sembloit que
« j'avois des ailes comme un oiseau. Dis-
« moi par quel charme tu as pu m'en-
« chanter. Est-ce par ton esprit ? mais nos

« mères en ont plus que nous deux. Est-ce
« par tes caresses ? mais elles m'embras-
« sent plus souvent que toi. Je crois que
« c'est par ta bonté. Je n'oublierai jamais
« que tu as marché nu-pieds jusqu'à la
« Rivière-noire, pour demander la grace
« d'une pauvre esclave fugitive. Tiens,
« ma bien-aimée, prends cette branche
« fleurie de citronnier, que j'ai cueillie
« dans la forêt. Tu la mettras la nuit près
« de ton lit. Mange ce rayon de miel ; je
« l'ai pris pour toi au haut d'un rocher.
« Mais auparavant, repose-toi sur mon
« sein, et je serai délassé. »

Virginie lui répondoit : « O mon frère !
« les rayons du soleil au matin, au haut
« de ces rochers, me donnent moins de
« joie que ta présence. J'aime bien ma
« mère, j'aime bien la tienne ; mais quand
« elles t'appellent mon fils, je les aime
« encore davantage. Les caresses qu'elles
« te font, me sont plus sensibles que cel-
« les que j'en reçois. Tu me demandes

« pourquoi tu m'aimes. Mais tout ce qui
« a été élevé ensemble, s'aime. Vois nos
« oiseaux; élevés dans les mêmes nids, ils
« s'aiment comme nous ; ils sont toujours
« ensemble comme nous. Ecoute comme
« ils s'appellent et se répondent d'un ar-
« bre à l'autre. De même, quand l'écho
« me fait entendre les airs que tu joues sur
« ta flûte, au haut de la montagne, j'en
« répète les paroles au fond de ce vallon.
« Tu m'es cher, sur-tout depuis le jour
« où tu voulois te battre pour moi contre
« le maître de l'esclave. Depuis ce temps-
« là, je me suis dit bien des fois : Ah !
« mon frère a un bon cœur ; sans lui, je
« serois morte d'effroi. Je prie Dieu tous
« les jours, pour ma mère, pour la tienne,
« pour toi, pour nos pauvres serviteurs;
« mais quand je prononce ton nom, il
« me semble que ma dévotion augmente.
« Je demande si instamment à Dieu qu'il
« ne t'arrive aucun mal ! Pourquoi vas-tu
« si loin et si haut, me chercher des fruits

8

« et des fleurs ? n'en avons-nous pas assez
« dans le jardin ? Comme te voilà fati-
« gué ! tu es tout en nage. » Et avec son
petit mouchoir blanc, elle lui essuyoit le
front et les joues, et elle lui donnoit plusieurs baisers.

Cependant, depuis quelque temps, Virginie se sentoit agitée d'un mal inconnu. Ses beaux yeux bleus se marbroient de noir ; son teint jaunissoit ; une langueur universelle abattoit son corps. La sérénité n'étoit plus sur son front, ni le sourire sur ses lèvres. On la voyoit tout-à-coup gaie sans joie, et triste sans chagrin. Elle fuyoit ses jeux innocens, ses doux travaux, et la société de sa famille bien-aimée. Elle erroit çà et là dans les lieux les plus solitaires de l'habitation, cherchant par-tout du repos, et ne le trouvant nulle part. Quelquefois, à la vue de Paul, elle alloit vers lui en folâtrant ; puis tout-à-coup, près de l'aborder, un embarras subit la saisissoit ; un rouge vif coloroit ses joues pâles, et ses yeux n'osoient plus s'arrêter sur les siens. Paul lui disoit : « La verdure couvre ces « rochers, nos oiseaux chantent quand ils « te voient ; tout est gai autour de toi, toi « seule es triste. » Et il cherchoit à la ranimer en l'embrassant ; mais elle détournoit la tête, et fuyoit tremblante vers sa mère. L'infortunée se sentoit troublée par les caresses de son frère. Paul ne comprenoit rien à des caprices si nouveaux et si étranges. Un mal n'arrive guère seul.

Un de ces étés qui désolent de temps à autre les terres situées entre les tropiques, vint étendre ici ses ravages. C'étoit vers la fin de décembre, lorsque le soleil au capricorne échauffe pendant trois semaines l'île de France de ses feux verticaux. Le vent du sud-est qui y règne presque toute l'année, n'y souffloit plus. De longs tourbillons de poussière s'élevoient sur les chemins, et restoient suspendus en l'air. La terre se fendoit de toutes parts ; l'herbe étoit brûlée ; des exhalaisons chaudes sortoient du flanc des montagnes, et la plupart de leurs ruisseaux étoient desséchés. Aucun nuage ne venoit du côté de la mer. Seulement pendant le jour, des vapeurs rousses s'élevoient de dessus ses plaines, et paroissoient au coucher du soleil, comme les flammes d'un incendie. La nuit même n'apportoit aucun rafraîchissement à l'atmosphère embrasée. L'orbe de la lune tout rouge, se levoit dans un horizon embrumé d'une grandeur démesurée. Les troupeaux abattus sur les flancs des collines, le cou tendu vers le ciel, aspirant l'air, faisoient retentir les vallons de tristes mugissemens. Le Cafre même qui les conduisoit, se couchoit sur la terre, pour y trouver de la fraîcheur; mais partout, le sol étoit brûlant, et l'air étouffant retentissoit du bourdonnement des insectes qui cherchoient à se désaltérer dans le sang des hommes et des animaux.

Dans une de ces nuits ardentes, Virginie sentit redoubler tous les symptômes de son mal. Elle se levoit, elle s'asseyoit, elle se recouchoit, et ne trouvoit dans aucune attitude, ni le sommeil, ni le repos. Elle s'achemine, à la clarté de la lune, vers sa fontaine; elle en aperçoit la source, qui, malgré la sécheresse, couloit encore en filets d'argent sur les flancs bruns du rocher. Elle se plonge dans son bassin. D'abord la fraîcheur ranime ses sens, et mille souvenirs agréables se présentent à son esprit. Elle se rappelle que dans son enfance, sa mère et Marguerite s'amusoient à la baigner avec Paul dans ce même lieu; que Paul ensuite, réservant ce bain pour elle seule, en avoit creusé le lit, couvert le fond de sable, et semé sur ses bords des herbes aromatiques. Elle entrevoit dans l'eau, sur ses bras nus et sur son sein, les reflets des deux palmiers plantés à la naissance de son frère et à la sienne, qui entrelaçoient au-dessus de sa tête leurs rameaux verts et leurs jeunes cocos. Elle pense à l'amitié de Paul, plus douce que les parfums, plus pure que l'eau des fontaines, plus forte que les palmiers unis; et elle soupire. Elle songe à la nuit, à la solitude, et un feu dévorant la saisit. Aussitôt elle sort, effrayée, de ces dangereux ombrages, et de ces eaux plus brûlantes que les soleils de la zone torride. Elle court auprès de sa mère chercher un appui contre elle-même. Plusieurs fois, voulant lui raconter ses peines, elle lui pressa les mains dans les siennes; plusieurs fois, elle fut près de prononcer le nom de Paul, mais son cœur oppressé laissa sa langue sans expression, et posant sa tête sur le sein maternel, elle ne put que l'inonder de ses larmes.

Madame de la Tour pénétroit bien la cause du mal de sa fille, mais elle n'osoit elle-même lui en parler. « Mon enfant, « lui disoit-elle, adresse-toi à Dieu, qui « dispose à son gré de la santé et de la vie. « Il t'éprouve aujourd'hui pour te récom- « penser demain. Songe que nous ne som-

« mes sur la terre que pour exercer la
« vertu. »

Cependant ces chaleurs excessives élevèrent de l'océan des vapeurs qui couvrirent l'île comme un vaste parasol. Les sommets des montagnes les rassembloient autour d'eux, et de longs sillons de feu sortoient de temps en temps de leurs pitons embrumés. Bientôt des tonnerres affreux firent retentir de leurs éclats, les bois, les plaines et les vallons ; des pluies épouvantables, semblables à des cataractes, tombèrent du ciel. Des torrens écumeux se précipitoient le long des flancs de cette montagne : le fond de ce bassin étoit devenu une mer ; le plateau où sont assises les cabanes, une petite île ; et l'entrée de ce vallon, une écluse par où sortoient pêle-mêle, avec les eaux mugissantes, les terres, les arbres et les rochers.

Toute la famille tremblante, prioit Dieu dans la case de madame de la Tour, dont le toit craquoit horriblement par l'effort des vents. Quoique la porte et les contrevents en fussent bien fermés, tous les objets s'y distinguoient à travers les jointures de la charpente, tant les éclairs étoient vifs et fréquens. L'intrépide Paul, suivi de Domingue, alloit d'une case à l'autre, malgré la fureur de la tempête, assurant ici une paroi avec un arc-boutant, et enfonçant là un pieu : il ne rentroit que pour consoler la famille par l'espoir prochain du retour du beau temps. En effet, sur le soir la pluie cessa; le vent alizé du sud-est reprit son cours ordinaire; les nuages orageux furent jetés vers le nord-est, et le soleil couchant parut à l'horizon.

Le premier désir de Virginie fut de revoir le lieu de son repos. Paul s'approcha d'elle d'un air timide, et lui présenta son bras pour l'aider à marcher. Elle l'accepta en souriant, et ils sortirent ensemble de la case. L'air étoit frais et sonore. Des fumées blanches s'élevoient sur les croupes de la montagne sillonnée çà et là de l'écume des torrens, qui tarissoient de tous côtés. Pour le jardin, il étoit tout bouleversé par d'affreux ravins; la plupart des arbres fruitiers avoient leurs racines en haut; de grands amas de sable couvroient les lisières des prairies, et avoient comblé le bain de Virginie. Cependant, les deux cocotiers étoient debout, et bien verdoyans; mais il n'y avoit plus aux environs, ni gazons, ni berceaux, ni oiseaux, excepté quelques bengalis, qui, sur la pointe des rochers voisins, déploroient par des chants plaintifs, la perte de leurs petits.

A la vue de cette désolation, Virginie dit à Paul : « Vous aviez apporté ici des « oiseaux, l'ouragan les a tués. Vous aviez « planté ce jardin, il est détruit. Tout périt « sur la terre; il n'y a que le ciel qui ne « change point. » Paul lui répondit : « Que « ne puis-je vous donner quelque chose du « ciel! mais je ne possède rien, même sur

« la terre. » Virginie reprit, en rougissant :
« Vous avez à vous le portrait de saint
« Paul. » À peine eut-elle parlé, qu'il courut le chercher dans la case de sa mère.
Ce portrait étoit une petite miniature, représentant l'hermite Paul. Marguerite y
avoit une grande dévotion : elle l'avoit
porté long-temps suspendu à son cou,
étant fille ; ensuite, devenue mère, elle
l'avoit mis à celui de son enfant. Il étoit
même arrivé qu'étant enceinte de lui, et
délaissée de tout le monde, à force de
contempler l'image de ce bienheureux solitaire, son fruit en avoit contracté quelque
ressemblance, ce qui l'avoit décidée à lui
en faire porter le nom, et à lui donner
pour patron un saint qui avoit passé sa
vie loin des hommes, qui l'avoient abusée,
puis abandonnée. Virginie, en recevant ce
petit portrait des mains de Paul, lui dit
d'un ton ému : « Mon frère, il ne me sera
« jamais enlevé tant que je vivrai, et je
« n'oublierai jamais que tu m'as donné la

« seule chose que tu possèdes au monde. »
A ce ton d'amitié, à ce retour inespéré de familiarité et de tendresse, Paul voulut l'embrasser; mais, aussi légère qu'un oiseau, elle lui échappa, et le laissa hors de lui, ne concevant rien à une conduite si extraordinaire.

Cependant Marguerite disoit à madame de la Tour : « Pourquoi ne marions-nous « pas nos enfans ? Ils ont l'un pour l'autre « une passion extrême, dont mon fils ne « s'aperçoit pas encore. Lorsque la nature « lui aura parlé, en vain nous veillons sur « eux, tout est à craindre. » Madame de la Tour lui répondit : « Ils sont trop jeunes et « trop pauvres. Quel chagrin pour nous, si « Virginie mettoit au monde des enfans « malheureux, qu'elle n'auroit peut-être « pas la force d'élever ! Ton noir Domingue « est bien cassé ; Marie est infirme. Moi-« même, chère amie, depuis quinze ans, je « me sens fort affoiblie. On vieillit promp-« tement dans les pays chauds, et encore

« plus vîte dans le chagrin. Paul est notre
« unique espérance. Attendons que l'âge ait
« formé son tempérament, et qu'il puisse
« nous soutenir par son travail. A présent,
« tu le sais, nous n'avons guère que le né-
« cessaire de chaque jour. Mais en faisant
« passer Paul dans l'Inde pour un peu de
« temps, le commerce lui fournira de quoi
« acheter quelque esclave; et à son retour
« ici, nous le marierons à Virginie, car
« je crois que personne ne peut rendre ma
« chère fille aussi heureuse que ton fils Paul.
« Nous en parlerons à notre voisin. »

En effet, ces dames me consultèrent, et
je fus de leur avis. « Les mers de l'Inde
« sont belles, leur dis-je. En prenant une
« saison favorable pour passer d'ici aux
« Indes, c'est un voyage de six semaines
« au plus, et d'autant de temps pour en
« revenir. Nous ferons dans notre quartier
« une pacotille à Paul; car j'ai des voisins
« qui l'aiment beaucoup. Quand nous ne
« lui donnerions que du coton brut, dont

« nous ne faisons aucun usage, faute de
« moulins pour l'éplucher; du bois d'ébène,
« si commun ici qu'il sert au chauffage,
« et quelques résines qui se perdent dans
« nos bois : tout cela se vend assez bien aux
« Indes, et nous est fort inutile ici. »

Je me chargeai de demander à M. de la Bourdonnais une permission d'embarquement pour ce voyage, et avant tout, je voulus en prévenir Paul ; mais quel fut mon étonnement, lorsque ce jeune homme me dit, avec un bon sens fort au dessus de son âge ? « Pourquoi voulez-vous que je
« quitte ma famille, pour je ne sais quel
« projet de fortune ? Y a-t-il un commerce
« au monde plus avantageux que la culture
« d'un champ, qui rend quelquefois cin-
« quante et cent pour un ? Si nous voulons
« faire le commerce, ne pouvons-nous pas
« le faire en portant notre superflu d'ici
« à la ville, sans que j'aille courir aux
« Indes ? Nos mères nous disent que Do-
« mingue est vieux et cassé ; mais moi

« je suis jeune, et je me renforce chaque
« jour. Il n'a qu'à leur arriver pendant
« mon absence quelque accident, sur-tout
« à Virginie, qui est déja souffrante. Oh
« non, non ! je ne saurois me résoudre à
« les quitter. »

Sa réponse me jeta dans un grand embarras ; car madame de la Tour ne m'avoit pas caché l'état de Virginie, et le désir qu'elle avoit de gagner quelques années sur l'âge de ces jeunes gens, en les éloignant l'un de l'autre. C'étoient des motifs que je n'osois même faire soupçonner à Paul.

Sur ces entrefaites, un vaisseau arrivé de France apporta à madame de la Tour une lettre de sa tante. La crainte de la mort, sans laquelle les cœurs durs ne seroient jamais sensibles, l'avoit frappée. Elle sortoit d'une grande maladie dégénérée en langueur, et que l'âge rendoit incurable. Elle mandoit à sa nièce de repasser en France ; ou, si sa santé ne lui permettoit pas de faire un si long voyage, elle lui enjoignoit d'y envoyer Virginie, à laquelle elle destinoit une bonne éducation, un parti à la cour, et la donation de tous ses biens. Elle attachoit, disoit-elle, le retour de ses bontés à l'exécution de ses ordres.

A peine cette lettre fut lue dans la famille, qu'elle y répandit la consternation. Domingue et Marie se mirent à pleurer. Paul, immobile d'étonnement, paroissoit prêt à se mettre en colère. Virginie, les yeux fixés sur sa mère, n'osoit proférer un mot ? « Pourriez-vous nous quitter mainte-
« nant, dit Marguerite à madame de la
« Tour. — Non, mon amie ; non, mes en-
« fans, reprit madame de la Tour : je ne
« vous quitterai point. J'ai vécu avec vous,
« et c'est avec vous que je veux mourir. Je
« n'ai connu le bonheur que dans votre
« amitié. Si ma santé est dérangée, d'an-
« ciens chagrins en sont cause. J'ai été
« blessée au cœur par la dureté de mes

« parens et par la perte de mon cher époux.
« Mais depuis, j'ai goûté plus de consola-
« tion et de félicité avec vous, sous ces
« pauvres cabanes, que jamais les richesses
« de ma famille ne m'en ont fait même es-
« pérer dans ma patrie. »

A ce discours, des larmes de joie coulèrent de tous les yeux. Paul serrant madame de la Tour dans ses bras, lui dit : « Je ne « vous quitterai pas non plus ; je n'irai « point aux Indes. Nous travaillerons tous « pour vous, chère maman ; rien ne vous « manquera jamais avec nous. » Mais, de toute la société, la personne qui témoigna le moins de joie, et qui y fut la plus sensible, fut Virginie. Elle fut le reste du jour d'une gaieté douce, et le retour de sa tranquillité mit le comble à la satisfaction générale.

Le lendemain, au lever du soleil, comme ils venoient de faire tous ensemble, suivant leur coutume, la prière du matin qui précédoit le déjeûné, Domingue les avertit qu'un monsieur à cheval, suivi de deux esclaves, s'avançoit vers l'habitation. C'étoit M. de la Bourdonnais. Il entra dans la case, où toute la famille étoit à table. Virginie venoit de servir, suivant l'usage du pays, du café et du riz cuit à l'eau. Elle y avoit joint des patates chaudes et des bananes fraîches. Il y avoit pour toute vaisselle des moitiés de calebasses, et pour linge, des feuilles de bananier. Le gouverneur témoigna d'abord quelque étonnement de la pauvreté de cette demeure. Ensuite, s'adressant à madame de la Tour, il lui dit que les affaires générales l'empêchoient quelquefois de songer aux particulières ; mais qu'elle avoit bien des droits sur lui. « Vous avez, ajouta-t-il, madame, « une tante de qualité et fort riche à Paris, « qui vous réserve sa fortune, et vous at- « tend auprès d'elle. » Madame de la Tour répondit au gouverneur, que sa santé altérée ne lui permettoit pas d'entreprendre un si long voyage. « Au moins, reprit

« M. de la Bourdonnais, pour mademoi-
« selle votre fille, si jeune et si aimable,
« vous ne sauriez, sans injustice, la priver
« d'une si grande succession. Je ne vous
« cache pas que votre tante a employé l'au-
« torité pour la faire venir auprès d'elle.
« Les bureaux m'ont écrit à ce sujet, d'user,
« s'il le falloit, de mon pouvoir; mais ne
« l'exerçant que pour rendre heureux les
« habitans de cette colonie, j'attends de
« votre volonté seule un sacrifice de quelques
« années, d'où dépend l'établissement de
« votre fille, et le bien-être de toute votre
« vie. Pourquoi vient-on aux îles ? n'est-ce
« pas pour y faire fortune ? N'est-il pas
« bien plus agréable de l'aller retrouver
« dans sa patrie ? »

En disant ces mots, il posa sur la table
un gros sac de piastres que portoit un de
ses noirs. « Voilà, ajouta-il, ce qui est
« destiné aux préparatifs de voyage de ma-
« demoiselle votre fille, de la part de votre
« tante. » Ensuite il finit par reprocher

avec bonté à madame de la Tour, de ne s'être pas adressée à lui dans ses besoins, en la louant cependant de son noble courage. Paul aussitôt prit la parole, et dit au gouverneur: « Monsieur, ma mère s'est « adressée à vous, et vous l'avez mal reçue. « — Avez-vous un autre enfant, madame? « dit M. de la Bourdonnais à madame de « la Tour. — Non, monsieur, reprit-elle; « celui-ci est le fils de mon amie; mais « lui et Virginie nous sont communs, et « également chers. — Jeune homme, dit « le gouverneur à Paul, quand vous aurez « acquis l'expérience du monde, vous con- « noîtrez le malheur des gens en place; « vous saurez combien il est facile de les « prévenir, combien aisément ils donnent « au vice intrigant, ce qui appartient au « mérite qui se cache. »

M. de la Bourdonnais, invité par madame de la Tour, s'assit à table auprès d'elle. Il déjeûna, à la manière des Créoles, avec du café mêlé avec du riz cuit à l'eau. Il fut charmé de l'ordre et de la propreté de la petite case, de l'union de ces deux familles charmantes, et du zèle même de leurs vieux domestiques. « Il n'y a, dit-il, « ici, que des meubles de bois ; mais on y « trouve des visages sereins et des cœurs « d'or. » Paul, charmé de la popularité du gouverneur, lui dit : « Je désire être votre « ami, car vous êtes un honnête homme. » M. de la Bourdonnais reçut avec plaisir cette marque de cordialité insulaire. Il embrassa Paul en lui serrant la main, et l'assura qu'il pouvoit compter sur son amitié.

Après déjeûné, il prit madame de la Tour en particulier, et lui dit qu'il se présentoit une occasion prochaine d'envoyer sa fille en France, sur un vaisseau prêt à partir ; qu'il la recommanderoit à une dame de ses parentes qui y étoit passagère ; qu'il falloit bien se garder d'abandonner une fortune immense pour une satisfaction de quelques années. « Vo

« tre tante, ajouta-t-il en s'en allant,
« ne peut pas traîner plus de deux ans.
« Ses amis me l'ont mandé. Songez-y bien.
« La fortune ne vient pas tous les jours.
« Consultez-vous. Tous les gens de bon
« sens seront de mon avis. » Elle lui répondit « que ne désirant désormais d'autre
« bonheur dans le monde que celui de sa
« fille, elle laisseroit son départ pour la
« France entièrement à sa disposition. »

Madame de la Tour n'étoit pas fâchée de trouver une occasion de séparer pour quelque temps Virginie et Paul, en procurant un jour leur bonheur mutuel. Elle prit donc sa fille à part, et lui dit : « Mon enfant, nos domestiques sont vieux ;
« Paul est bien jeune, Marguerite vient
« sur l'âge ; je suis déja infirme : si j'allois
« mourir, que deviendriez-vous, sans for-
« tune, au milieu de ces déserts? Vous res-
« teriez donc seule, n'ayant personne qui
« puisse vous être d'un grand secours, et
« obligée, pour vivre, de travailler sans

« cesse à la terre comme une mercenaire.
« Cette idée me pénètre de douleur. » Virginie lui répondit : « Dieu nous a condam-
« nés au travail. Vous m'avez appris à
« travailler, et à le bénir chaque jour. Jus-
« qu'à présent il ne nous a point abandon-
« nés, il ne nous abandonnera point encore.
« Sa providence veille particulièrement sur
« les malheureux. Vous me l'avez dit tant
« de fois, ma mère ! Je ne saurois me
« résoudre à vous quitter. » Madame de la
Tour émue, reprit : » Je n'ai d'autre pro-
« jet que de te rendre heureuse, et de te
« marier un jour avec Paul, qui n'est point
« ton frère. Songe maintenant que sa for-
« tune dépend de toi. »

Une jeune fille qui aime, croit que tout le monde l'ignore. Elle met sur ses yeux le voile qu'elle a sur son cœur; mais quand il est soulevé par une main amie, alors les peines secrètes de son amour s'échappent comme par une barrière ouverte, et les doux épanchemens de la confiance succèdent aux réserves et aux mystères dont elle s'environnoit. Virginie, sensible aux nouveaux témoignages de bonté de sa mère, lui raconta quels avoient été ses combats, qui n'avoient eu d'autres témoins que Dieu seul; qu'elle voyoit le secours de sa providence dans celui d'une mère tendre qui approuvoit son inclination, et qui la dirigeroit par ses conseils; que maintenant, appuyée de son support, tout l'engageoit à rester auprès d'elle, sans inquiétude pour le présent, et sans crainte pour l'avenir.

Madame de la Tour voyant que sa confidence avoit produit un effet contraire à celui qu'elle en attendoit, lui dit : « Mon « enfant, je ne veux point te contraindre; « délibère à ton aise, mais cache ton amour « à Paul. Quand le cœur d'une fille est « pris, son amant n'a plus rien à lui de- « mander. »

Vers le soir, comme elle étoit seule avec Virginie, il entra chez elle un grand homme vêtu d'une soutane bleue. C'étoit un ecclésiastique missionnaire de l'île, et confesseur de madame de la Tour et de Virginie. Il étoit envoyé par le gouverneur. « Mes enfans, dit-il en entrant, Dieu « soit loué ! Vous voilà riches. Vous pour- « rez écouter votre bon cœur, faire du bien « aux pauvres. Je sais ce que vous a dit « M. de la Bourdonnais, et ce que vous lui « avez répondu. Bonne maman, votre « santé vous oblige de rester ici ; mais vous, « jeune demoiselle, vous n'avez point d'ex- « cuse. Il faut obéir à la Providence, à nos « vieux parens, même injustes. C'est un « sacrifice, mais c'est l'ordre de Dieu. Il « s'est dévoué pour nous ; il faut, à son « exemple, se dévouer pour le bien de sa « famille. Votre voyage en France aura « une fin heureuse. Ne voulez-vous pas bien « y aller, ma chère demoiselle ? »

Virginie, les yeux baissés, lui répondit en tremblant : « Si c'est l'ordre de Dieu, « je ne m'oppose à rien. Que la volonté de « Dieu soit faite, dit-elle en pleurant. »

Le missionnaire sortit, et fut rendre compte au gouverneur du succès de sa commission. Cependant madame de la Tour m'envoya prier par Domingue de passer chez elle, pour me consulter sur le départ de Virginie. Je ne fus point du tout d'avis qu'on la laissât partir. Je tiens pour principes certains du bonheur, qu'il faut préférer les avantages de la nature à tous ceux de la fortune, et que nous ne devons point aller chercher hors de nous ce que nous pouvons trouver chez nous. J'étends ces maximes à tout, sans exception. Mais que pouvoient mes conseils de modération contre les illusions d'une grande fortune, et mes raisons naturelles contre les préjugés du monde et une autorité sacrée pour madame de la Tour ? Cette dame ne me consulta donc que par bienséance, et elle ne délibéra plus, depuis la décision de son confesseur. Marguerite même, qui, malgré les avantages qu'elle espéroit pour son fils de la fortune de Virginie, s'étoit opposée fortement à son départ, ne fit plus d'objections. Pour Paul, qui ignoroit le parti auquel on se détermineroit, étonné des conversations secrètes de madame de la Tour et de sa fille, il s'abandonnoit à une tristesse sombre. « On trame quelque chose contre moi, « dit-il, puisqu'on se cache de moi. »

Cependant, le bruit s'étant répandu dans l'île, que la fortune avoit visité ces rochers, on y vit grimper des marchands de toute espèce. Ils déployèrent au milieu de ces pauvres cabanes, les plus riches étoffes de l'Inde; de superbes basins de Goudelour, des mouchoirs de Paliacate et de Mazulipatan, des mousselines de Daca, unies, rayées, brodées, transparentes comme le jour, des baftas de Surate d'un si beau blanc, des chittes de toutes couleurs et des plus rares, à fond sablé et à rameaux verts. Ils déroulèrent de magnifiques étoffes de soie de la Chine, des lampas découpés à jour, des damas d'un blanc satiné, d'autres d'un vert de prairie, d'autres d'un rouge à éblouir; des taffetas rose, des satins à pleine main, des pékins moelleux comme le drap, des nankins blancs et jaunes, et jusqu'à des pagnes de Madagascar.

Madame de la Tour voulut que sa fille achetât tout ce qui lui feroit plaisir; elle veilla seulement sur les prix et les qualités des marchandises, de peur que les marchands ne la trompassent. Virginie choisit tout ce qu'elle crut être agréable à sa mère, à Marguerite et à son fils. « Ceci, disoit-elle, étoit bon pour des meubles, cela pour l'usage de Marie et de Domingue. » Enfin le sac de piastres étoit employé, qu'elle n'avoit pas encore songé à ses besoins. Il fallut lui faire son partage sur les présens qu'elle avoit distribués à la société.

Paul, pénétré de douleur à la vue de ces dons de la fortune, qui lui présageoient le départ de Virginie, s'en vint quelques jours après chez moi. Il me dit d'un air accablé : « Ma sœur s'en va ; elle fait déja « les apprêts de son voyage. Passez chez « nous, je vous prie. Employez votre cré- « dit sur l'esprit de sa mère et de la « mienne, pour la retenir. » Je me rendis aux instances de Paul, quoique bien persuadé que mes représentations seroient sans effet.

Si Virginie m'avoit-paru charmante en toile bleue du Bengale, avec un mouchoir rouge autour de sa tête, ce fut encore toute autre chose quand je la vis parée à la manière des dames de ce pays. Elle étoit vêtue de mousseline blanche doublée de taffetas rose. Sa taille légère et élevée se dessinoit parfaitement sous son corset, et ses cheveux blonds, tressés à double tresse, accompagnoient admirablement sa tête virginale. Ses beaux yeux bleus étoient remplis de mélancolie ; et son cœur agité par une passion combattue, donnoit à son teint une couleur animée, et à sa voix des sons pleins d'émotion. Le contraste même de sa parure élégante, qu'elle sembloit porter malgré elle, rendoit sa langueur encore plus touchante. Personne ne pouvoit la voir ni l'entendre, sans se sentir ému. La tristesse de Paul en augmenta. Marguerite, affligée de la situation de son fils, lui dit en particulier: «Pour-«quoi, mon fils, te nourrir de fausses «espérances, qui rendent les privations «encore plus amères? Il est temps que je «te découvre le secret de ta vie et de la «mienne. Mademoiselle de la Tour ap-«partient, par sa mère, à une parente «riche et de grande condition: pour toi, «tu n'es que le fils d'une pauvre paysanne, «et, qui pis est, tu es bâtard. »

Ce mot de bâtard étonna beaucoup Paul; il ne l'avoit jamais ouï prononcer: il en demanda la signification à sa mère, qui lui répondit: « Tu n'as point eu de père «légitime. Lorsque j'étois fille, l'amour «me fit commettre une foiblesse dont tu

« as été le fruit. Ma faute t'a privé de ta
« famille paternelle, et mon repentir, de
« ta famille maternelle. Infortuné, tu n'as
« d'autres parens que moi seule dans le
« monde ! » et elle se mit à répandre des
larmes. Paul la serrant dans ses bras, lui
dit : « Oh, ma mère ! puisque je n'ai d'au-
« tres parens que vous dans le monde, je
« vous en aimerai davantage. Mais quel
« secret venez-vous de me révéler ! Je vois
« maintenant la raison qui éloigne de moi
« mademoiselle de la Tour depuis deux
« mois, et qui la décide aujourd'hui à par-
« tir. Ah ! sans doute, elle me méprise ! »

Cependant, l'heure de souper étant venue, on se mit à table, où chacun des
convives, agité de passions différentes,
mangea peu, et ne parla point. Virginie
en sortit la première, et fut s'asseoir au
lieu où nous sommes. Paul la suivit bientôt après, et vint se mettre auprès d'elle.
L'un et l'autre gardèrent quelque temps
un profond silence. Il faisoit une de ces

nuits délicieuses, si communes entre les tropiques, et dont le plus habile pinceau ne rendroit pas la beauté. La lune paroissoit au milieu du firmament, entourée d'un rideau de nuages que ses rayons dissipoient par degrés. Sa lumière se répandoit insensiblement sur les montagnes de l'île et sur leurs pitons, qui brilloient d'un vert argenté. Les vents retenoient leurs haleines. On entendoit dans les bois, au fond des vallées, au haut des rochers, de petits cris, de doux murmures d'oiseaux, qui se caressoient dans leurs nids, réjouis par la clarté de la nuit et la tranquillité de l'air. Tous, jusqu'aux insectes, bruissoient sous l'herbe ; les étoiles étinceloient au ciel et se réfléchissoient au sein de la mer qui répétoit leurs images tremblantes. Virginie parcouroit avec des regards distraits, son vaste et sombre horizon, distingué du rivage de l'île par les feux rouges des pêcheurs. Elle aperçut à l'entrée du port une lumière et une ombre : c'étoit le fanal et le corps du vaisseau où elle devoit s'embarquer pour l'Europe, et qui, prêt à mettre à la voile, attendoit à l'ancre la fin du calme. A cette vue elle se troubla, et détourna la tête, pour que Paul ne la vît pas pleurer.

Madame de la Tour, Marguerite et moi, nous étions assis à quelques pas de là, sous des bananiers; et dans le silence de la nuit, nous entendîmes distinctement leur conversation, que je n'ai pas oubliée.

Paul lui dit : « Mademoiselle, vous « partez, dit-on, dans trois jours. Vous « ne craignez pas de vous exposer aux dan- « gers de la mer.... de la mer dont vous « êtes si effrayée ! — Il faut, répondit Vir- « ginie, que j'obéisse à mes parens, à mon « devoir. — Vous nous quittez, reprit « Paul, pour une parente éloignée, que « vous n'avez jamais vue ! — Hélas ! dit « Virginie, je voulois rester ici toute ma « vie; ma mère ne l'a pas voulu. Mon « confesseur m'a dit que la volonté de Dieu «étoit que je partisse; que la vie étoit une «épreuve...... Oh c'est une épreuve bien «dure! »

«Quoi, repartit Paul, tant de raisons «vous ont décidée, et aucune ne vous a «retenue! Ah! il en est encore que vous «ne me dites pas. La richesse a de grands «attraits. Vous trouverez bientôt, dans un «nouveau monde, à qui donner le nom «de frère que vous ne me donnez plus. «Vous le choisirez, ce frère, parmi des «gens dignes de vous par une naissance «et une fortune que je ne peux vous offrir. «Mais, pour être plus heureuse, où vou- «lez-vous aller? Dans quelle terre abor- «derez-vous, qui vous soit plus chère que «celle où vous êtes née? Où formerez-vous «une société plus aimable que celle qui «vous aime? Comment vivrez-vous sans «les caresses de votre mère, auxquelles vous «êtes si accoutumée? Que deviendra-t-elle «elle-même, déja sur l'âge, lorsqu'elle ne «vous verra plus à ses côtés, à la table,

Documents manquants (pages, cahiers...)
NF Z 43-120-13

« pût bénir notre union. Maintenant, je
« reste, je pars, je vis, je meurs : fais de
« moi ce que tu veux. Fille sans vertu !
« j'ai pu résister à tes caresses, et je ne peux
« soutenir ta douleur ! »

A ces mots, Paul la saisit dans ses
bras, et la tenant étroitement serrée, il
s'écria d'une voix terrible : « Je pars avec
« elle ; rien ne pourra m'en détacher. »
Nous courûmes tous à lui. Madame de la
Tour lui dit : « Mon fils, si vous nous quit-
« tez, qu'allons-nous devenir ? »

Il répéta en tremblant ces mots : « Mon
« fils.... mon fils.... Vous ma mère, lui
« dit-il, vous qui séparez le frère d'avec la
« sœur ! Tous deux nous avons sucé votre
« lait ; tous deux élevés sur vos genoux,
« nous avons appris de vous à nous aimer ;
« tous deux, nous nous le sommes dit mille
« fois. Et maintenant vous l'éloignez de
« moi ! Vous l'envoyez en Europe, dans ce
» pays barbare qui vous a refusé un asyle,
« et chez des parens cruels qui vous ont

« vous-même abandonnée. Vous me direz :
« Vous n'avez plus de droits sur elle, elle
« n'est pas votre sœur. Elle est tout pour
« moi, ma richesse, ma famille, ma nais-
« sance, tout mon bien. Je n'en connois
« plus d'autre. Nous n'avons eu qu'un toit,
« qu'un berceau; nous n'aurons qu'un tom-
« beau. Si elle part, il faut que je la suive. Le
« gouverneur m'en empêchera ? M'empê-
« chera-t-il de me jeter à la mer ? Je la
« suivrai à la nage. La mer ne sauroit
« m'être plus funeste que la terre. Ne pou-
« vant vivre ici près d'elle, au moins je
« mourrai sous ses yeux, loin de vous.
« Mère barbare! femme sans pitié ! puisse
« cet océan où vous l'exposez, ne jamais
« vous la rendre ! puissent ses flots vous
« rapporter mon corps, et le roulant avec
« le sien parmi les cailloux de ces rivages,
« vous donner, par la perte de vos deux en-
« fans, un sujet éternel de douleur ! »

A ces mots, je le saisis dans mes bras ;
car le désespoir lui ôtoit la raison. Ses

yeux étinceloient; la sueur couloit à grosses gouttes sur son visage en feu; ses genoux trembloient, et je sentois dans sa poitrine brûlante, son cœur battre à coups redoublés.

Virginie effrayée, lui dit : « O, mon « ami ! j'atteste les plaisirs de notre pre- « mier âge, tes maux, les miens, et tout « ce qui doit lier à jamais deux infortunés, « si je reste, de ne vivre que pour toi; si « je pars, de revenir un jour pour être à « toi. Je vous prends à témoins, vous tous « qui avez élevé mon enfance, qui disposez « de ma vie et qui voyez mes larmes. Je « le jure par ce ciel qui m'entend, par « cette mer que je dois traverser, par l'air « que je respire, et que je n'ai jamais souillé « du mensonge. »

Comme le soleil fond et précipite un rocher de glace du sommet des Apennins, ainsi tomba la colère impétueuse de ce jeune homme, à la voix de l'objet aimé. Sa tête altière étoit baissée, et un torrent de pleurs couloit de ses yeux. Sa mère, mêlant ses larmes aux siennes, le tenoit embrassé sans pouvoir parler. Madame de la Tour, hors d'elle, me dit : « Je n'y « puis tenir ; mon ame est déchirée. Ce « malheureux voyage n'aura pas lieu. Mon « voisin, tâchez d'emmener mon fils. Il y « a huit jours que personne ici n'a dor-« mi. »

Je dis à Paul : « Mon ami, votre sœur « restera. Demain nous en parlerons au « gouverneur ; laissez reposer votre famille, « et venez passer cette nuit chez moi. Il « est tard ; il est minuit. La croix du sud « est droite sur l'horizon. «

Il se laissa emmener sans rien dire, et après une nuit fort agitée, il se leva au point du jour, et s'en retourna à son habitation.

Mais qu'est-il besoin de vous continuer plus long-temps le récit de cette histoire ? Il n'y a jamais qu'un côté agréable à connoître dans la vie humaine. Semblable au globe sur lequel nous tournons, notre révolution rapide n'est que d'un jour, et une partie de ce jour ne peut recevoir la lumière, que l'autre ne soit livrée aux ténèbres.

« Mon père, lui dis-je, je vous en con-
« jure, achevez de me raconter ce que vous
« avez commencé d'une manière si tou-
« chante. Les images du bonheur nous
« plaisent, mais celles du malheur nous
« instruisent. Que devint, je vous prie, l'in-
« fortuné Paul ? »

Le premier objet que vit Paul, en retournant à l'habitation, fut la négresse Marie, qui, montée sur un rocher, regardoit vers la pleine mer. Il lui cria du plus loin qu'il l'aperçut : « Où est Virgi-
« nie ? » Marie tourna la tête vers son jeune maître, et se mit à pleurer. Paul, hors de lui, revint sur ses pas, et courut au port. Il y apprit que Virginie s'étoit embarquée au point du jour, que son vaisseau avoit mis à la voile aussitôt, et qu'on ne le

Désespoir de Paul en apprenant le départ de Virginie.

voyoit plus. Il revint à l'habitation, qu'il traversa sans parler à personne.

Quoique cette enceinte de rochers paroisse derrière nous presque perpendiculaire, ces plateaux verts qui en divisent la hauteur, sont autant d'étages par lesquels on parvient, au moyen de quelques sentiers difficiles, jusqu'au pied de ce cône de rochers incliné et inaccessible, qu'on appelle le Pouce. A la base de ce rocher est une esplanade couverte de grands arbres, mais si élevée et si escarpée, qu'elle est comme une grande forêt dans l'air, environnée de précipices effroyables. Les nuages que le sommet du Pouce attire sans cesse autour de lui, y entretiennent plusieurs ruisseaux qui tombent à une si grande profondeur au fond de la vallée située au revers de cette montagne, que de cette hauteur on n'entend point le bruit de leur chute. De ce lieu, on voit une grande partie de l'île avec ses mornes surmontés de leurs pitons, entre autres Piterboth et les Trois-mamelles avec leurs vallons remplis de forêts; puis la pleine mer, et l'île Bourbon qui est à quarante lieues de là vers l'occident. Ce fut de cette élévation que Paul aperçut le vaisseau qui emmenoit Virginie. Il le vit à plus de dix lieues au large, comme un point noir au milieu de l'océan. Il resta une partie du jour tout occupé à le considérer : il étoit déja disparu, qu'il croyoit le voir encore ; et quand il fut perdu dans la vapeur de l'horizon, il s'assit dans ce lieu sauvage, toujours battu des vents qui y agitent sans cesse les sommets des palmistes et des tatamaques. Leur murmure sourd et mugissant ressemble au bruit lointain des orgues, et inspire une profonde mélancolie. Ce fut là que je trouvai Paul, la tête appuyée contre le rocher, et les yeux fixés vers la terre. Je marchois après lui depuis le lever du soleil : j'eus beaucoup de peine à le déterminer à descendre, et à revoir sa famille. Je le remenai cependant à son

habitation, et son premier mouvement, en revoyant madame de la Tour, fut de se plaindre amèrement qu'elle l'avoit trompé. Madame de la Tour nous dit que le vent s'étant levé vers les trois heures du matin, le vaisseau étant au moment d'appareiller, le gouverneur, suivi d'une partie de son état-major et du missionnaire, étoit venu chercher Virginie en palanquin; et que malgré ses propres raisons, ses larmes et celles de Marguerite, tout le monde criant que c'étoit pour leur bien à tous, ils avoient emmené sa fille à demi mourante. « Au moins, répondit Paul, si je lui
« avois fait mes adieux, je serois tranquille
« à présent. Je lui aurois dit : Virginie,
« si pendant le temps que nous avons vécu
« ensemble il m'est échappé quelque parole
« qui vous ait offensée, avant de me quit-
« ter pour jamais, dites-moi que vous me
« la pardonnez. Je lui aurois dit : Puisque
« je ne suis plus destiné à vous revoir,
« adieu, ma chère Virginie! adieu! Vives

« loin de moi contente et heureuse ! » Et comme il vit que sa mère et madame de la Tour pleuroient : « Cherchez mainte-« nant, leur dit-il, quelque autre que moi « qui essuie vos larmes ! » puis il s'éloigna d'elles en gémissant, et se mit à errer çà et là dans l'habitation. Il en parcouroit tous les endroits qui avoient été les plus chers à Virginie. Il disoit à ses chèvres et à leurs petits chevreaux, qui le suivoient en bêlant : « Que me demandez-vous ? vous « ne reverrez plus avec moi celle qui vous « donnoit à manger dans sa main. » Il fut au Repos de Virginie, et à la vue des oiseaux qui voltigeoient autour, il s'écria : « Pauvres oiseaux ! vous n'irez plus au-de-« vant de celle qui étoit votre bonne nour-« rice. » En voyant Fidèle qui flairoit çà et là, et marchoit devant lui en quêtant, il soupira et lui dit : « Oh ! tu ne la re-« trouveras plus jamais. » Enfin, il fut s'asseoir sur le rocher où il lui avoit parlé la veille ; et à l'aspect de la mer où il avoit vu disparoître le vaisseau qui l'avoit emmenée, il pleura abondamment.

Cependant nous le suivions pas à pas, craignant quelque suite funeste de l'agitation de son esprit. Sa mère et madame de la Tour le prioient par les termes les plus tendres, de ne pas augmenter leur douleur par son désespoir. Enfin celle-ci parvint à le calmer, en lui prodiguant les noms les plus propres à réveiller ses espérances. Elle l'appeloit son fils, son cher fils, son gendre, celui à qui elle destinoit sa fille. Elle l'engagea à rentrer dans la maison, et à y prendre quelque peu de nourriture. Il se mit à table avec nous, auprès de la place où se mettoit la compagne de son enfance; et, comme si elle l'eût encore occupée, il lui adressoit la parole, et lui présentoit les mets qu'il savoit lui être les plus agréables : mais dès qu'il s'apercevoit de son erreur, il se mettoit à pleurer. Les jours suivans, il recueillit tout ce qui avoit été à son usage particulier, les derniers bouquets qu'elle avoit portés, une tasse de coco où elle avoit coutume de boire; et comme si ces restes de son amie eussent été les choses du monde les plus précieuses, il les baisoit et les mettoit dans son sein. L'ambre ne répand pas un parfum aussi doux que les objets touchés par l'objet que l'on aime. Enfin, voyant que ses regrets augmentoient ceux de sa mère et de madame de la Tour, et que les besoins de la famille demandoient un travail continuel, il se mit, avec l'aide de Domingue, à réparer le jardin.

Bientôt ce jeune homme, indifférent comme un créole pour tout ce qui se passe dans le monde, me pria de lui apprendre à lire et à écrire, afin qu'il pût entretenir une correspondance avec Virginie. Il voulut ensuite s'instruire dans la géographie, pour se faire une idée du pays où elle débarqueroit; et dans l'histoire, pour connoître les mœurs de la société où elle alloit ivre. Ainsi il s'étoit perfectionné dans l'agriculture, et dans l'art de disposer avec agrément le terrain le plus irrégulier, par le sentiment de l'amour. Sans doute c'est aux jouissances que se propose cette passion ardente et inquiète, que les hommes doivent la plupart des sciences et des arts, et c'est de ses privations qu'est née la philosophie, qui apprend à se consoler de tout. Ainsi la nature ayant fait l'amour le lien de tous les êtres, l'a rendu le premier mobile de nos sociétés, et l'instigateur de nos lumières et de nos plaisirs.

Paul ne trouva pas beaucoup de goût dans l'étude de la géographie, qui, au lieu de nous décrire la nature de chaque pays, ne nous en présente que les divisions politiques. L'histoire, et sur-tout l'histoire moderne, ne l'intéressa guère davantage. Il n'y voyoit que des malheurs généraux et périodiques, dont il n'apercevoit pas les causes; des guerres sans sujet et sans objet; des intrigues obscures; des nations sans caractère, et des princes sans humanité. Il préféroit à cette lecture celle des romans, qui, s'occupant davantage des sentimens et des intérêts des hommes, lui offroient quelquefois des situations pareilles à la sienne. Aussi aucun livre ne lui fit autant de plaisir que le Télémaque, par ses tableaux de la vie champêtre et des passions naturelles au cœur humain. Il en lisoit à sa mère et à madame de la Tour les endroits qui l'affectoient davantage : alors ému par de touchans ressouvenirs, sa voix s'étouffoit, et les larmes couloient de ses yeux. Il lui sembloit trouver dans Virginie la dignité et la sagesse d'Antiope, avec les malheurs et la tendresse d'Eucharis. D'un autre côté, il fut tout bouleversé par la lecture de nos romans à la mode, pleins de mœurs et de maximes licencieuses ; et quand il sut que ces romans renfermoient une peinture véritable des sociétés de l'Europe, il craignit, non sans quelque apparence de raison, que Virginie ne vînt à s'y corrompre et à l'oublier.

En effet, plus d'un an et demi s'étoit écoulé, sans que madame de la Tour eût des nouvelles de sa tante et de sa fille : seulement elle avoit appris, par une voie étrangère, que celle-ci étoit arrivée heureusement en France. Enfin, elle reçut par un vaisseau qui alloit aux Indes, un paquet et une lettre écrite de la propre main de Virginie. Malgré la circonspection de son aimable et indulgente fille, elle jugea qu'elle étoit fort malheureuse. Cette lettre peignoit si bien sa situation et son caractère, que je l'ai retenue presque mot pour mot.

« Très-chère et bien-aimée maman,

« Je vous ai déja écrit plusieurs lettres
« de mon écriture; et comme je n'en ai pas
« eu de réponse, j'ai lieu de craindre qu'el-
« les ne vous soient point parvenues. J'es-
« père mieux de celle-ci, par les précautions
« que j'ai prises pour vous donner de mes
« nouvelles, et pour recevoir des vôtres.

« J'ai versé bien des larmes depuis notre « séparation, moi qui n'avois presque jamais pleuré que sur les maux d'autrui ! « Ma grand'tante fut bien surprise à mon « arrivée, lorsque m'ayant questionnée sur « mes talens, je lui dis que je ne savois « ni lire ni écrire. Elle me demanda qu'est-« ce que j'avois donc appris depuis que « j'étois au monde ; et quand je lui eus « répondu que c'étoit à avoir soin d'un « ménage et à faire votre volonté, elle me » dit que j'avois reçu l'éducation d'une « servante. Elle me mit, dès le lende-» main, en pension dans une grande ab-« baye auprès de Paris, où j'ai des maîtres « de toute espèce : ils m'enseignent, entre « autres choses, l'histoire, la géographie, « la grammaire, la mathématique, et à « monter à cheval ; mais j'ai de si foibles « dispositions pour toutes ces sciences, « que je ne profiterai pas beaucoup avec « ces messieurs. Je sens que je suis une « pauvre créature qui ai peu d'esprit,

« comme ils le font entendre. Cependant,
« les bontés de ma tante ne se refroidissent
« point. Elle me donne des robes nouvelles
« à chaque saison. Elle a mis près de moi
« deux femmes-de-chambre, qui sont aussi
« bien parées que de grandes dames. Elle
« m'a fait prendre le titre de comtesse ;
« mais elle m'a fait quitter mon nom de
« LA TOUR, qui m'étoit aussi cher qu'à
« vous-même, par tout ce que vous m'avez
« raconté des peines que mon père avoit
« souffertes pour vous épouser. Elle a rem-
« placé votre nom de femme par celui de
« votre famille, qui m'est encore cher ce-
« pendant, parce qu'il a été votre nom
« de fille. Me voyant dans une situation
« aussi brillante, je l'ai suppliée de vous
« envoyer quelques secours. Comment vous
« rendre sa réponse ? mais vous m'avez re-
« commandé de vous dire toujours la vérité.
« Elle m'a donc répondu, que peu ne vous
« serviroit à rien, et que dans la vie sim-
« ple que vous menez, beaucoup vous em-

« barrasseroit. J'ai cherché d'abord à vous
« donner de mes nouvelles par une main
« étrangère, au défaut de la mienne. Mais
« n'ayant à mon arrivée ici, personne en
« qui je pusse prendre confiance, je me
« suis appliquée nuit et jour à apprendre
« à lire et à écrire ; Dieu m'a fait la grace
« d'en venir à bout en peu de temps. J'ai
« chargé de l'envoi de mes premières let-
« tres les dames qui sont autour de moi ;
« j'ai lieu de croire qu'elles les ont remises
« à ma grand'tante. Cette fois j'ai eu re-
« cours à une pensionnaire de mes amies :
« c'est sous son adresse ci-jointe que je
« vous prie de me faire passer vos réponses.
» Ma grand'tante m'a interdit toute cor-
« respondance au-dehors, qui pourroit,
« selon elle, mettre obstacle aux grandes
» vues qu'elles a sur moi. Il n'y a qu'elle
« qui puisse me voir à la grille, ainsi qu'un
« vieux seigneur de ses amis, qui a, dit-elle,
« beaucoup de goût pour ma personne.
« Pour dire la vérité, je n'en a point du

« tout pour lui, quand même j'en pour-
« rois prendre pour quelqu'un.

« Je vis au milieu de l'éclat de la for-
« tune, et je ne peux disposer d'un sou.
« On dit que si j'avois de l'argent, cela
« tireroit à conséquence. Mes robes même
« appartiennent à mes femmes-de-cham-
« bre, qui se les disputent avant que je
« les aie quittées. Au sein des richesses,
« je suis bien plus pauvre que je ne l'étois
« auprès de vous ; car je n'ai rien à donner.
« Lorsque j'ai vu que les grands talens que
« l'on m'enseignoit ne me procuroient pas
« la facilité de faire le plus petit bien,
« j'ai eu recours à mon aiguille, dont heu-
« reusement vous m'avez appris à faire
« usage. Je vous envoie donc plusieurs
« paires de bas de ma façon, pour vous
« et maman Marguerite, un bonnet pour
« Domingue, et un de mes mouchoirs rou-
« ges pour Marie : je joins à ce paquet, des
« pepins et des noyaux des fruits de mes
« collations, avec des graines de toutes

« sortes d'arbres, que j'ai recueillies, à mes
« heures de récréation, dans le parc de
« l'abbaye. J'y ai ajouté aussi des semences
« de violettes, de marguerites, de bassinets,
« de coquelicots, de bluets, de scabieuses,
« que j'ai ramassées dans les champs. Il y
« a dans les prairies de ce pays, de plus
« belles fleurs que dans les nôtres ; mais
« personne ne s'en soucie. Je suis sûre que
« vous et maman Marguerite serez plus
« contentes de ce sac de graines, que du
« sac de piastres qui a été la cause de notre
« séparation et de mes larmes. Ce sera une
« grande joie pour moi, si vous avez un
« jour la satisfaction de voir des pom-
« miers croître auprès de nos bananiers, et
« des hêtres mêler leurs feuillages à celui
« de nos cocotiers. Vous vous croirez dans
« la Normandie que vous aimez tant.

« Vous m'avez enjoint de vous mander
« mes joies et mes peines. Je n'ai plus de
« joie loin de vous : pour mes peines, je
« les adoucis en pensant que je suis dans

« un poste où vous m'avez mise par la
« volonté de Dieu. Mais le plus grand cha-
« grin que j'y éprouve, est que personne ne
« me parle ici de vous, et que je n'en puis
« parler à personne. Mes femmes-de-cham-
« bre, ou plutôt celles de ma grand'tante,
« car elles sont plus à elles qu'à moi, me
« disent, lorsque je cherche à amener la
« conversation sur des objets qui me sont
« si chers : Mademoiselle, souvenez-vous
« que vous êtes Françoise, et que vous de-
« vez oublier le pays des sauvages. Ah ! je
« m'oublierois plutôt moi-même, que d'ou-
« blier le lieu où je suis née et où vous
« vivez ! C'est ce pays-ci qui est pour moi
« un pays de sauvages ; car j'y vis seule,
« n'ayant personne à qui je puisse faire
« part de l'amour que vous portera jus-
« qu'au tombeau.

« Très-chère et bien-aimée maman,

« Votre obéissante et tendre fille,
« Virginie de la Tour. »

« Je recommande à vos bontés, Marie
« et Domingue, qui ont pris tant de soin de
« mon enfance : caressez pour moi Fidèle,
« qui m'a retrouvée dans les bois. »

Paul fut bien étonné de ce que Virginie ne parloit pas du tout de lui, elle qui n'avoit pas oublié, dans ses ressouvenirs, le chien de la maison ; mais il ne savoit pas que quelque longue que soit la lettre d'une femme, elle n'y met jamais sa pensée la plus chère qu'à la fin.

Dans un post-scriptum, Virginie recommandoit particulièrement à Paul deux espèces de graines ; celles de violettes et de scabieuses. Elle lui donnoit quelques instructions sur les caractères de ces plantes, et sur les lieux les plus propres à les semer. « La violette, lui mandoit-elle, produit
« une petite fleur d'un violet foncé, qui
« aime à se cacher sous des buissons ; mais
« son charmant parfum l'y fait bientôt
« découvrir. » Elle lui enjoignoit de la

semer sur le bord de la fontaine, au pied de son cocotier. « La scabieuse, ajoutoit-« elle, donne une jolie fleur d'un bleu « mourant, et à fond noir piqueté de « blanc. On la croiroit en deuil. On l'ap-« pelle aussi, pour cette raison, fleur de « veuve. Elle se plaît dans les lieux âpres « et battus des vents. » Elle le prioit de la semer sur le rocher où elle lui avoit parlé la nuit, la dernière fois, et de donner à ce rocher, pour l'amour d'elle, le nom du ROCHER DES ADIEUX.

Elle avoit renfermé ces semences dans une petite bourse dont le tissu étoit fort simple, mais qui parut sans prix à Paul, lorsqu'il y aperçut un P et un V entrelacés, et formés de cheveux qu'il reconnut à leur beauté pour être ceux de Virginie.

La lettre de cette sensible et vertueuse demoiselle fit verser des larmes à toute la famille. Sa mère lui répondit au nom de la société, de rester ou de revenir à son gré, l'assurant qu'ils avoient tous perdu la meilleure partie de leur bonheur depuis son départ, et que pour elle en particulier, elle en étoit inconsolable.

Paul lui écrivit une lettre fort longue, où il l'assuroit qu'il alloit rendre le jardin digne d'elle, et y mêler les plantes de l'Europe à celles de l'Afrique, ainsi qu'elle avoit entrelacé leurs noms dans son ouvrage. Il lui envoyoit des fruits des cocotiers de sa fontaine, parvenus à une maturité parfaite. Il n'y joignoit, ajoutoit-il, aucune autre semence de l'île, afin que le désir d'en revoir les productions la déterminât à y revenir promptement. Il la supplioit de se rendre au plus tôt aux vœux ardens de leur famille, et aux siens particuliers, puisqu'il ne pouvoit désormais goûter aucune joie loin d'elle.

Paul sema avec le plus grand soin les graines européennes, et sur-tout celles de violettes et de scabieuses, dont les fleurs sembloient avoir quelque analogie avec le caractère et la situation de Virginie, qui les lui avoit si particulièrement recommandées ; mais, soit qu'elles eussent été éventées dans le trajet, soit plutôt que le climat de cette partie de l'Afrique ne leur soit pas favorable, il n'en germa qu'un petit nombre, qui ne put venir à sa perfection.

Cependant, l'envie qui va même au-devant du bonheur des hommes, surtout dans les colonies françoises, répandit dans l'île, des bruits qui donnoient beaucoup d'inquiétude à Paul. Les gens du vaisseau qui avoient apporté la lettre de Virginie, assuroient qu'elle étoit sur le point de se marier : ils nommoient le seigneur de la cour qui devoit l'épouser ; quelques-uns même disoient que la chose étoit faite, et qu'ils en avoient été témoins. D'adord, Paul méprisa des nouvelles apportées par un vaisseau de commerce, qui en répand souvent de fausses sur les lieux de son passage. Mais comme plusieurs habitans de l'île, par une pitié perfide, s'empressoient de le plaindre de cet événement, il commença à y ajouter quelque croyance. D'ailleurs, dans quelques-uns des romans qu'il avoit lus, il voyoit la trahison traitée de plaisanterie; et comme il savoit que ces livres renfermoient des peintures assez fidèles des mœurs de l'Europe, il craignit que la fille de madame de la Tour ne vînt à s'y corrompre, et à oublier ses anciens engagemens. Ses lumières le rendoient déjà malheureux. Ce qui acheva d'augmenter ses craintes, c'est que plusieurs vaisseaux d'Europe arrivèrent ici depuis, dans l'espace de six mois, sans qu'aucun d'eux apportât des nouvelles de Virginie.

Cet infortuné jeune homme, livré à toutes les agitations de son cœur, venoit me voir souvent, pour confirmer ou pour bannir ses inquiétudes par mon expérience du monde.

Je demeure, comme je vous l'ai dit,

à une lieue et demie d'ici, sur les bords d'une petite rivière qui coule le long de la Montagne longue. C'est là que je passe ma vie seul, sans femme, sans enfans et sans esclaves.

Après le rare bonheur de trouver une compagne qui nous soit bien assortie, l'état le moins malheureux de la vie est sans doute de vivre seul. Tout homme qui a eu beaucoup à se plaindre des hommes, cherche la solitude. Il est même très-remarquable que tous les peuples malheureux par leurs opinions, leurs mœurs ou leurs gouvernemens, ont produit des classes nombreuses de citoyens entièrement dévoués à la solitude et au célibat. Tels ont été les Egyptiens dans leur décadence, les Grecs du bas empire; et tels sont de nos jours les Indiens, les Chinois, les Grecs modernes, les Italiens, et la plupart des peuples orientaux et méridionaux de l'Europe. La solitude ramène en partie l'homme au bonheur naturel, en éloignant de lui le malheur social. Au milieu de nos sociétés, divisées par tant de préjugés, l'ame est dans une agitation continuelle ; elle roule sans cesse en elle-même mille opinions turbulentes et contradictoires, dont les membres d'une société ambitieuse et misérable cherchent à se subjuguer les uns les autres. Mais dans la solitude, elle dépose ces illusions étrangères qui la troublent ; elle reprend le sentiment simple d'elle-même, de la nature et de son auteur. Ainsi l'eau bourbeuse d'un torrent qui ravage les campagnes, venant à se répandre dans quelque petit bassin écarté de son cours, dépose ses vases au fond de son lit, reprend sa première limpidité, et, redevenue transparente, réfléchit avec ses propres rivages, la verdure de la terre et la lumière des cieux. La solitude rétablit aussi bien les harmonies du corps que celles de l'ame. C'est dans la classe des solitaires que se trouvent les hommes qui pousssent le plus loin la carrière de la vie ; tels sont les brames de l'Inde. Enfin je la crois si nécessaire au bonheur dans ce monde même, qu'il me paroît impossible d'y goûter un plaisir durable de quelque sentiment que ce soit, ou de régler sa conduite sur quelque principe stable, si l'on ne se fait une solitude intérieure, d'où notre opinion sorte bien rarement, et où celle d'autrui n'entre jamais. Je ne veux pas dire toutefois que l'homme doive vivre absolument seul : il est lié avec tout le genre humain par ses besoins ; il doit donc ses travaux aux hommes ; il se doit aussi au reste de la nature. Mais comme Dieu a donné à chacun de nous des organes parfaitement assortis aux élémens du globe où nous vivons, des pieds pour le sol, des poumons pour l'air, des yeux pour la lumière, sans que nous puissions intervertir l'usage de ces sens, il s'est réservé pour lui seul, qui est l'auteur de la vie, le cœur, qui en est le principal organe.

Je passe donc mes jours loin des hommes, que j'ai voulu servir, et qui m'ont persécuté. Après avoir parcouru une grande partie de l'Europe et quelques cantons de l'Amérique et de l'Afrique, je me suis fixé dans cette île peu habitée, séduit par sa douce température et par ses solitudes. Une cabane que j'ai bâtie dans la forêt au pied d'un arbre, un petit champ défriché de mes mains, une rivière qui coule devant ma porte, suffisent à mes besoins et à mes plaisirs. Je joins à ces jouissances celle de quelques bons livres, qui m'apprennent à devenir meilleur. Ils font encore servir à mon bonheur le monde même que j'ai quitté : ils me présentent des tableaux des passions qui en rendent les habitans si misérables, et par la comparaison que je fais de leur sort au mien, ils me font jouir d'un bonheur négatif. Comme un homme sauvé du naufrage sur un rocher, je contemple de ma solitude les orages qui frémissent dans le reste du monde ; mon repos même redouble par le bruit lointain de la tempête. Depuis que les hommes ne sont plus sur mon chemin, et que je ne suis plus sur le leur, je ne les hais plus; je les plains. Si je rencontre quelque infortuné, je tâche de venir à son secours par mes conseils, comme un passant sur le bord d'un torrent, tend la main à un malheureux qui s'y noie. Mais je n'ai guère trouvé que l'innocence attentive à ma voix. La nature appelle en vain à elle le reste des hommes; chacun d'eux se fait d'elle une image qu'il revêt de ses propres passions. Il poursuit toute sa vie ce vain fantôme qui l'égare, et il se plaint ensuite au ciel de l'erreur qu'il s'est formé lui-même. Parmi un grand nombre d'infortunés que j'ai quelquefois essayé de ramener à la nature, je n'en ai pas trouvé un seul qui ne fût enivré de ses propres misères. Ils m'écoutoient d'abord avec attention, dans l'espérance que je les aiderois à acquérir de la gloire ou de la fortune; mais voyant que je ne voulois leur apprendre qu'à s'en passer, ils me trouvoient moi-même misérable de ne pas courir après leur malheureux bonheur : ils blâmoient ma vie solitaire ; ils prétendoient qu'eux seuls étoient utiles aux hommes, et ils s'efforçoient de m'entraîner dans leur tourbillon. Mais si je me communique à tout le monde, je ne me livre à personne. Souvent il me suffit de moi pour me servir de leçon à moi-même. Je repasse dans le calme présent les agitations passées de ma propre vie, auxquelles j'ai donné tant de prix ; les protections, la fortune, la réputation, les voluptés, et les opinions qui se combattent par toute la terre. Je compare tant d'hommes que j'ai vu se disputer avec fureur ces chimères, et qui ne sont plus, aux flots de ma rivière, qui se brisent en écumant contre les rochers de son lit, et disparoissent pour ne revenir jamais. Pour moi, je me laisse entraîner en paix au fleuve du temps, vers l'océan de l'avenir qui n'a plus de rivages ; et par le spectacle des harmonies actuelles de la nature, je m'élève vers son auteur, et j'espère dans un autre monde de plus heureux destins.

Quoiqu'on n'aperçoive pas de mon hermitage, situé au milieu d'une forêt, cette multitude d'objets que nous présente l'élévation du lieu où nous sommes, il s'y trouve des dispositions intéressantes, surtout pour un homme qui, comme moi, aime mieux rentrer en lui-même que s'étendre au dehors. La rivière qui coule devant ma porte, passe en ligne droite à travers les bois, ensorte qu'elle me présente un long canal ombragé d'arbres de toute sorte de feuillages : il y a des tatamaques, des bois d'ébène, et de ceux qu'on appelle ici bois de pomme, bois d'olives et bois de cannelle ; des bosquets de palmistes élèvent çà et là leurs colonnes nues, et longues de plus de cent pieds, surmontées à leurs sommets d'un bouquet de palmes, et paroissent au-dessus des autres arbres comme une forêt plantée sur une autre forêt. Il s'y joint des lianes de divers feuillages, qui s'enlaçant d'un arbre à l'autre, forment ici des arcades de fleurs, là de longues courtines de verdure. Des odeurs aromatiques sortent de la plupart de ces arbres, et leurs parfums ont tant d'influence sur les vêtemens mêmes, qu'on sent ici un homme qui a traversé une forêt, quelques heures après qu'il en est sorti. Dans la saison où ils donnent leurs fleurs, vous les diriez à demi couverts de neige. A la fin de l'été, plusieurs espèces d'oiseaux étrangers viennent, par un instinct incompréhensible, de régions inconnues, au-delà des vastes mers, récolter les graines des végétaux de cette île, et opposent l'éclat de leurs couleurs à la verdure des arbres rembrunie par le soleil. Telles sont, entre autres, diverses espèces de perruches, et les pigeons bleus, appelés ci pigeons hollandois. Les singes, habitans domiciliés de ces forêts, se jouent dans leurs sombres rameaux, dont ils se détachent par leur poil gris et verdâtre et leur face toute noire ; quelques-uns s'y suspendent par la queue, et se balancent en l'air ; d'autres sautent de branche en branche, portant leur petits dans leurs bras. Jamais le fusil meurtrier n'y a effrayé ces paisibles enfans de la nature. On n'y entend que des cris de joie, des gazouillemens et des ramages inconnus de quelques oiseaux des terres australes, que repètent au loin les échos de ces forêts. La rivière qui coule en bouillonnant sur un lit de roche, à travers les arbres, réfléchit çà et là dans ses eaux limpides, leurs masses vénérables de verdure et d'ombre, ainsi que les jeux de leurs heureux habitans : à mille pas de là, elle se précipite de différens étages de rocher, et forme à sa chute une nappe d'eau unie comme le cristal, qui se brise en tombant en bouillons d'écume. Mille bruits confus sortent de ces eaux tumultueuses; et, dispersés par les vents dans la forêt, tantôt ils fuient au loin, tantôt ils se rapprochent tous à-la-fois, et assourdissent comme les sons des cloches d'une cathédrale. L'air, sans cesse renouvelé par le mouvement des eaux, entretient sur les bords de cette rivière, malgré les ardeurs de l'été, une verdure et une fraîcheur qu'on trouve rarement dans cette île, sur le haut même des montagnes.

A quelque distance de là, est un rocher assez éloigné de la cascade pour qu'on n'y soit pas étourdi du bruit de ses eaux, et qui en est assez voisin pour y jouir de leur vue, de leur fraîcheur et de leur murmure. Nous allions quelquefois, dans les grandes chaleurs, dîner à l'ombre de ce rocher, madame de la Tour, Marguerite, Virginie, Paul et moi. Comme Virginie dirigeoit toujours au bien d'autrui ses actions même les plus communes, elle ne mangeoit pas un fruit à la campagne qu'elle n'en mît en terre les noyaux ou les pepins. « Il en viendra, disoit-elle, « des arbres qui donneront leurs fruits à « quelque voyageur, ou au moins à un « oiseau. » Un jour donc qu'elle avoit mangé une papaye au pied de ce rocher, elle y planta les semences de ce fruit. Bientôt après, il y crut plusieurs papayers, parmi lesquels il y en avoit un femelle, c'est-à-dire, qui porte des fruits. Cet arbre n'étoit pas si haut que le genou de Virginie à son départ; mais comme il croît vîte, deux ans après il avoit vingt pieds de hauteur, et son tronc étoit entouré, dans sa partie supérieure, de plusieurs rangs de fruits mûrs. Paul s'étant rendu par hasard dans ce lieu, fut rempli de joie en voyant ce grand arbre sorti d'une petite graine qu'il avoit vu planter par son amie; et en même temps, il fut saisi d'une tristesse profonde par ce témoignage de sa longue absence. Les objets que nous voyons habituellement ne nous font pas apercevoir de la rapidité de notre vie ; ils vieillissent avec nous d'une vieillesse insensible : mais ce sont ceux que nous revoyons tout-à-coup après les avoir perdus quelques années de vue, qui nous avertissent de la vîtesse avec laquelle s'écoule le fleuve de nos jours. Paul fut aussi surpris et aussi troublé à la vue de ce grand papayer chargé de fruits, qu'un voyageur l'est, après une longue absence de son pays, de n'y plus retrouver ses contemporains, et d'y voir leurs enfans, qu'il avoit laissés à la mamelle, devenus eux-mêmes pères de famille. Tantôt il vouloit l'abattre, parce qu'il lui rendoit trop sensible la longueur du temps qui s'étoit écoulé depuis le départ de Virginie ; tantôt, le considérant comme un monument de sa bienfaisance, il baisoit son tronc, et lui adressoit des paroles pleines d'amour et de regrets. O arbre dont la postérité existe encore dans nos bois, je vous ai vu moi-même avec plus d'intérêt et de vénération que les arcs de triomphe des Romains ! Puisse la nature, qui détruit chaque jour les monumens de l'ambition des rois, multiplier dans nos forêts ceux de la bienfaisance d'une jeune et pauvre fille !

C'étoit donc au pied de ce papayer que j'étois sûr de rencontrer Paul quand il venoit dans mon quartier. Un jour, je l'y trouvai accablé de mélancolie, et j'eus avec lui une conversation que je vais vous rapporter, si je ne vous suis point trop ennuyeux par mes longues digressions, pardonnables à mon âge et à mes dernières amitiés. Je vous la raconterai en forme de dialogue, afin que vous jugiez du bons sens naturel de ce jeune homme ; et il vous sera aisé de faire la différence des interlocuteurs, par le sens de ses questions et de mes réponses.

Il me dit :

« Je suis bien chagrin. Mademoiselle
« de la Tour est partie depuis deux ans
« et deux mois ; et depuis huit mois et

« demi, elle ne nous a pas donné de ses
« nouvelles. Elle est riche ; je suis pauvre:
« elle m'a oublié. J'ai envie de m'em-
« barquer ; j'irai en France, j'y servirai le
« roi ; j'y ferai fortune, et la grand'tante
« de mademoiselle de la Tour me donnera
« sa petite nièce en mariage, quand je serai
« devenu un grand seigneur.

LE VIEILLARD.

« Oh mon ami ! ne m'avez-vous pas dit
« que vous n'aviez pas de naissance ?

PAUL.

« Ma mère me l'a dit ; car pour moi, je
« ne sais ce que c'est que la naissance. Je
« ne me suis jamais aperçu que j'en eusse
« moins qu'un autre, ni que les autres en
« eussent plus que moi.

LE VIEILLARD.

« Le défaut de naissance vous ferme en
« France le chemin aux grands emplois.
« Il y a plus ; vous ne pouvez même être
« admis dans aucun corps distingué.

PAUL.

« Vous m'avez dit plusieurs fois qu'une
« des causes de la grandeur de la France,
« étoit que le moindre sujet pouvoit y par-
« venir à tout, et vous m'avez cité beau-
« coup d'hommes célèbres, qui, sortis de
« petits états, avoient fait honneur à leur
« patrie. Vous vouliez donc tromper mon
» courage ?

LE VIEILLARD.

« Mon fils, jamais je ne l'abattrai. Je
« vous ai dit la vérité sur les temps pas-
« sés ; mais les choses sont bien changées
« à présent : tout est devenu vénal en
« France ; tout y est aujourd'hui le patri-
« moine d'un petit nombre de familles, ou
« le partage des corps. Le roi est un soleil
« que les grands et les corps environnent
« comme des nuages ; il est presque impos-
« sible qu'un de ses rayons tombe sur vous.
« Autrefois, dans une administration moins

« compliquée, on a vu ces phénomènes.
« Alors, les talens et le mérite se sont dé-
« veloppés de toutes parts, comme des
« terres nouvelles, qui, venant à être dé-
« frichées, produisent avec tout leur suc.
« Mais les grands rois, qui savent con-
« noître les hommes et les choisir, sont
« rares. Le vulgaire des rois ne se laisse
« aller qu'aux impulsions des grands et des
« corps qui les environnent.

PAUL.

« Mais je trouverai peut-être un de ces
« grands qui me protégera.

LE VIEILLARD.

« Pour être protégé des grands, il faut
« servir leur ambition ou leurs plaisirs.
« Vous n'y réussirez jamais, car vous êtes
« sans naissance, et vous avez de la probité.

PAUL.

« Mais je ferai des actions si courageu-
« ses, je serai si fidèle à ma parole, si

« exact dans mes devoirs, si zélé et si cons-
» tant dans mon amitié, que je mériterai
« d'être adopté par quelqu'un d'eux, comme
« j'ai vu que cela se pratiquoit dans les
« histoires anciennes que vous m'avez fait
« lire.

LE VIEILLARD.

« Oh mon ami ! chez les Grecs et chez
« les Romains, même dans leur déca-
« dence, les grands avoient du respect pour
« la vertu ; mais nous avons eu une foule
« d'hommes célèbres en tout genre, sortis
« des classes du peuple, et je n'en sache
« pas un seul qui ait été adopté par une
« grande maison. La vertu, sans nos rois,
« seroit condamnée en France à être éter-
« nellement plébéienne. Comme je vous
« l'ai dit, ils la mettent quelquefois en
« honneur lorsqu'ils l'aperçoivent ; mais
« aujourd'hui, les distinctions qui lui
« étoient réservées ne s'accordent plus que
« pour de l'argent.

PAUL.

« Au défaut d'un grand, je chercherai
« à plaire à un corps. J'épouserai entiè-
« rement son esprit et ses opinions; je
« m'en ferai aimer.

LE VIEILLARD.

« Vous serez donc comme les autres
« hommes, vous renoncerez à votre cons-
« cience pour parvenir à la fortune ?

PAUL.

« Oh non ! je ne chercherai jamais que
« la vérité.

LE VIEILLARD.

« Au lieu de vous faire aimer, vous
« pourriez bien vous faire haïr. D'ailleurs
« les corps s'intéressent fort peu à la dé-
« couverte de la vérité. Toute opinion est
« indifférente aux ambitieux, pourvu qu'ils
« gouvernent.

PAUL.

« Que je suis infortuné ! tout me re-
« pousse. Je suis condamné à passer ma
« vie dans un travail obscur, loin de Vir-
« ginie ! » Et il soupira profondément.

LE VIEILLARD.

» Que Dieu soit votre unique patron,
« et le genre humain votre corps. Soyez
« constamment attaché à l'un et à l'autre.
« Les familles, les corps, les peuples, les
« rois ont leurs préjugés et leurs passions ;
« il faut souvent les servir par des vices.
« Dieu et le genre humain ne nous deman-
« dent que des vertus.

« Mais pourquoi voulez-vous être dis-
« tingué du reste des hommes ? c'est un
« sentiment qui n'est pas naturel, puisque
« si chacun l'avoit, chacun seroit en état
« de guerre avec son voisin. Contentez-vous
« de remplir votre devoir dans l'état où la
« Providence vous a mis ; bénissez votre
« sort, qui vous permet d'avoir une con-

« science à vous, et qui ne vous oblige pas,
« comme les grands, de mettre votre bon-
« heur dans l'opinion des petits ; et comme
« les petits, de ramper sous les grands
« pour avoir de quoi vivre. Vous êtes dans
« un pays et dans une condition où, pour
« subsister, vous n'avez besoin ni de trom-
« per, ni de flatter, ni de vous avilir,
« comme font la plupart de ceux qui
« cherchent la fortune en Europe ; où
« votre état ne vous interdit aucune vertu ;
« où vous pouvez être impunément bon,
« vrai, sincère, instruit, patient, tem-
« pérant, chaste, indulgent, pieux, sans
« qu'aucun ridicule vienne flétrir votre sa-
« gesse, qui n'est encore qu'en fleur. Le
« ciel vous a donné de la liberté, de la
« santé, une bonne conscience et des amis :
« les rois, dont vous ambitionnez la faveur,
« ne sont pas si heureux.

PAUL.

« Ah ! il me manque Virginie ! Sans

« elle, je n'ai rien ; avec elle, j'aurois
« tout. Elle seule est ma naissance, ma
« gloire et ma fortune. Mais puisque enfin
« sa parente veut lui donner pour mari un
« homme d'un grand nom, avec l'étude et
« des livres, on devient savant et célèbre ;
« je m'en vais étudier. J'acquerrai de la
« science ; je servirai utilement ma patrie
« par mes lumières, sans nuire à personne,
« et sans en dépendre ; je deviendrai fa-
« meux, et ma gloire n'appartiendra qu'à
« moi.

LE VIEILLARD.

« Mon fils ! les talens sont encore plus
« rares que la naissance et que les riches-
« ses ; et sans doute ils sont de plus grands
« biens, puisque rien ne peut les ôter, et
« que par-tout ils nous concilient l'estime
» publique : mais ils coûtent cher. On ne les
« acquiert que par des privations en tout
« genre, par une sensibilité exquise, qui
« nous rend malheureux au dedans et au

« dehors, par les persécutions de nos con-
« temporains. L'homme de robe n'envie
« point, en France, la gloire du mili-
« taire, ni le militaire celle de l'homme
« de mer; mais tout le monde y traver-
« sera votre chemin, parce que tout le
» monde s'y pique d'avoir de l'esprit. Vous
« servirez les hommes, dites-vous ? Mais
« celui qui fait produire à un terrain une
« gerbe de blé de plus, leur rend un plus
« grand service que celui qui leur donne
« un livre.

PAUL.

« Oh ! celle qui a planté ce papayer,
« a fait aux habitans de ces forêts un pré-
« sent plus utile et plus doux, que si elle
« leur avoit donné une bibliothèque. » Et
en même temps, il saisit cet arbre dans
ses bras, et le baisa avec transport.

LE VIEILLARD.

« Le meilleur des livres, qui ne prêche

« que l'égalité, l'amitié, l'humanité et la
« concorde, l'évangile, a servi pendant des
« siècles de prétexte aux fureurs des Euro-
« péens. Combien de tyrannies publiques
« et particulières s'exercent encore en son
« nom sur la terre ! Après cela, qui se flat-
« tera d'être utile aux hommes par un
« livre ? Rappelez-vous quel a été le sort
« de la plupart des philosophes qui leur ont
« prêché la sagesse. Homère qui l'a revê-
« tue de vers si beaux, demandoit l'au-
« mône pendant sa vie. Socrate, qui en
« donna aux Athéniens de si aimables le-
« çons, par ses discours et par ses mœurs,
« fut empoisonné juridiquement par eux.
« Son sublime disciple Platon, fut livré à
« l'esclavage par l'ordre du prince même
« qui le protégeoit ; et avant eux, Pytha-
« gore, qui étendoit l'humanité jusqu'aux
« animaux, fut brulé vif par les Crotonia-
« tes. Que dis-je ? la plupart même de ces
« noms illustres sont venus à nous défi-
« gurés par quelques traits de satire qui le

« caractérisent, l'ingratitude humaine se
« plaisant à les reconnoître là ; et si dans
« la foule, la gloire de quelques-uns est
« venue nette et pure jusqu'à nous, c'est
« que ceux qui les ont portés ont vécu loin
« de la société de leurs contemporains :
« semblables à ces statues qu'on tire entiè-
« res des champs de la Grèce et de l'Italie,
» et qui, pour avoir été ensevelies dans le
« sein de la terre, ont échappé à la fureur
« des barbares.

« Vous voyez donc que pour acquérir
« la gloire orageuse des lettres, il faut bien
« de la vertu, et être prêt à sacrifier sa pro-
« pre vie. D'ailleurs, croyez-vous que cette
« gloire intéresse en France les gens riches ?
« Ils se soucient bien des gens de lettres,
« auxquels la science ne rapporte ni dignité
« dans la patrie, ni gouvernement, ni en-
« trée à la cour. On persécute peu dans ce
« siècle indifférent à tout, hors à la for-
« tune et aux voluptés ; mais les lumières
« et la vertu n'y mènent à rien de distingué,

« parce que tout est dans l'état le prix de
« l'argent. Autrefois, elles trouvoient des
« récompenses assurées dans les différentes
« places de l'église, de la magistrature et
« de l'administration ; aujourd'hui, elles
« ne servent qu'à faire des livres. Mais ce
« fruit, peu prisé des gens du monde, est
« toujours digne de son origine céleste.
« C'est à ces mêmes livres qu'il est réservé
« particulièrement de donner de l'éclat à
« la vertu obscure, de consoler les malheu-
« reux, d'éclairer les nations, et de dire
« la vérité même aux rois. C'est, sans con-
« tredit, la fonction la plus auguste dont
« le ciel puisse honorer un mortel sur la
« terre. Quel est l'homme qui ne se console
« de l'injustice ou du mépris de ceux qui
« disposent de la fortune, lorsqu'il pense
« que son ouvrage ira de siècle en siècle
« et de nations en nations, servir de bar-
« rière à l'erreur et aux tyrans ; et que,
« du sein de l'obscurité où il a vécu, il
« jaillira une gloire qui effacera celle de

« la plupart des rois, dont les monumens
« périssent dans l'oubli, malgré les flat-
« teurs qui les élèvent et qui les vantent?

PAUL.

« Ah! je ne voudrois cette gloire que
« pour la répandre sur Virginie, et la ren-
« dre chère à l'univers. Mais vous qui avez
« tant de connoissances, dites-moi si nous
« nous marierons? Je voudrois être savant,
« au moins pour connoître l'avenir.

LE VIEILLARD.

« Qui voudroit vivre, mon fils, s'il con-
« noissoit l'avenir? Un seul malheur prévu
« nous donne tant de vaines inquiétudes!
« la vue d'un malheur certain empoison-
« neroit tous les jours qui le précéderoient.
« Il ne faut pas même trop approfondir ce
« qui nous environne ; et le ciel, qui nous
« donna la réflexion pour prévoir nos be-
« soins, nous a donné les besoins pour
« mettre des bornes à notre réflexion.

PAUL.

« Avec de l'argent, dites-vous, on ac-
« quiert en Europe des dignités et des hon-
« neurs. J'irai m'enrichir au Bengale pour
« aller épouser Virginie à Paris. Je vais
« m'embarquer.

LE VIEILLARD.

« Quoi ! vous quitteriez sa mère et la
« vôtre ?

PAUL.

« Vous m'avez vous-même donné le con-
« seil de passer aux Indes.

LE VIEILLARD.

« Virginie étoit alors ici. Mais vous êtes
« maintenant l'un que soutien de votre
« mère et de la sienne.

PAUL.

« Virginie leur fera du bien par sa riche
« parente.

LE VIEILLARD.

« Les riches n'en font guère qu'à ceux
« qui leur font honneur dans le monde.
« Ils ont des parens bien plus à plaindre
« que madame de la Tour, qui, faute d'être
« secourus par eux, sacrifient leur liberté
« pour avoir du pain, et passent leur vie
« renfermés dans des couvens.

PAUL.

« Quel pays que l'Europe ! Oh ! il faut
« que Virginie revienne ici. Qu'a-t-elle
« besoin d'avoir une parente riche? Elle
« étoit si contente sous ces cabanes, si
« jolie et si bien parée avec un mouchoir
« rouge ou des fleurs autour de sa tête.
« Reviens, Virginie ! quitte tes hôtels et
« tes grandeurs. Reviens dans ces rochers,
« à l'ombre de ces bois et de nos cocotiers.
« Hélas ! tu es peut-être maintenant mal-
« heureuse....» Et il se mettoit à pleurer.
« Mon père, ne me cachez rien : si vous ne
« pouvez me dire si j'épouserai Virginie,

« au moins apprenez-moi si elle m'aime
« encore, au milieu de ces grands seigneurs
« qui parlent au roi, et qui la vont voir ?

LE VIEILLARD.

« Oh ! mon ami, je suis sûr qu'elle
« vous aime, par plusieurs raisons, mais
« sur-tout parce qu'elle a de la vertu. »
A ces mots, il me sauta au cou, transporté de joie.

PAUL.

« Mais, croyez-vous les femmes d'Eu-
« rope fausses comme on les représente
« dans les comédies et dans les livres
« que vous m'avez prêtés ?

LE VIEILLARD.

« Les femmes sont fausses dans les pays
« où les hommes sont tyrans. Par-tout la
« violence produit la ruse.

PAUL.

« Comment peut-on être tyran des fem-
« mes ?

LE VIEILLARD.

« En les mariant sans les consulter, une
« jeune fille avec un vieillard, une femme
« sensible avec un homme indifférent.

PAUL.

« Pourquoi ne pas marier ensemble ceux
« qui se conviennent, les jeunes avec les
« jeunes, les amans avec les amantes ?

LE VIEILLARD.

« C'est que la plupart des jeunes gens,
« en France, n'ont pas assez de fortune
« pour se marier, et qu'ils n'en acquièrent
« qu'en devenant vieux. Jeunes, ils cor-
« rompent les femmes de leurs voisins ;
« vieux, ils ne peuvent fixer l'affection de
« leurs épouses. Ils ont trompé étant jeu-
« nes ; on les trompe à leur tour étant vieux.
« C'est une des réactions de la justice uni-
« verselle qui gouverne le monde. Un excès
« y balance toujours un autre excès. Ainsi
« la plupart des Européens passent leur

« vie dans ce double désordre, et ce dé-
« sordre augmente dans une société, à me-
« sure que les richesses s'y accumulent sur
« un moindre nombre de têtes. L'état est
« semblable à un jardin, où les petits ar-
« bres ne peuvent venir s'il y en a de trop
« grands qui les ombragent ; mais il y a
« cette différence, que la beauté d'un jar-
« din peut résulter d'un petit nombre de
« grands arbres, et que la prospérité d'un
« état dépend toujours de la multitude et
« de l'égalité des sujets, et non pas d'un
« petit nombre de riches.

PAUL.

« Mais, qu'est-il besoin d'être riche pour
« se marier ?

LE VIEILLARD.

« Afin de passer ses jours dans l'abon-
« dance, sans rien faire.

PAUL.

« Et pourquoi ne pas travailler ? je tra-
« vaille bien moi.

LE VIEILLARD.

« C'est qu'en Europe le travail des mains
« déshonore. On l'appelle travail mécani-
« que. Celui même de labourer la terre y
« est le plus méprisé de tous. Un artisan
« y est bien plus estimé qu'un paysan.

PAUL.

« Quoi ! l'art qui nourrit les hommes
« est méprisé eu Europe ! Je ne vous com-
« prends pas.

LE VIEILLARD.

« Oh ! il n'est pas possible à un homme
« élevé dans la nature, de comprendre les
« dépravations de la société. On se fait
« une idée précise de l'ordre, mais non
« pas du désordre. La beauté, la vertu,
« le bonheur, ont des proportions; la lai-
« deur, le vice et le malheur, n'en ont
« point.

PAUL.

« Les gens riches sont donc bienheu-
« reux ! Ils ne trouvent d'obstacles à rien;

« ils peuvent combler de plaisirs les objets
« qu'ils aiment.

LE VIEILLARD.

« Ils sont la plupart usés sur tous les plai-
« sirs, par cela même qu'ils ne leur coûtent
« aucunes peines. N'avez-vous pas éprouvé
« que le plaisir du repos s'achète par la
« fatigue ; celui de manger, par la faim ;
« celui de boire, par la soif ? Hé bien,
« celui d'aimer et d'être aimé, ne s'ac-
« quiert que par une multitude de pri-
« vations et de sacrifices. Les richesses ôtent
« aux riches tous ces plaisirs-là, en pré-
« venant leurs besoins. Joignez à l'ennui
« qui suit leur satiété, l'orgueil qui naît
« de leur opulence, et que la moindre pri-
« vation blesse, lors même que les plus
« grandes jouissances ne le flattent plus.
« Le parfum de mille roses ne plaît qu'un
« instant ; mais la douleur que cause une
« seule de leurs épines dure long-temps
« après sa piqûre. Un mal au milieu des

« plaisirs est pour les riches une épine
« au milieu des fleurs. Pour les pauvres,
« au contraire, un plaisir au milieu des
« maux est une fleur au milieu des épines ;
« ils en goûtent vivement la jouissance.
« Tout effet augmente par son contraste.
« La nature a tout balancé. Quel état, à
« tout prendre, croyez-vous préférable, de
« n'avoir presque rien à espérer et tout
« à craindre, ou presque rien à craindre
« et tout à espérer? Le premier état est
« celui des riches, et le second celui des
« pauvres. Mais ces extrêmes sont égale-
« ment difficiles à supporter aux hommes,
« dont le bonheur consiste dans la médio-
« crité et la vertu.

PAUL.

« Qu'entendez-vous par la vertu ?

LE VIEILLARD.

« Mon fils! vous qui soutenez vos parens
« par vos travaux, vous n'avez pas besoin
« qu'on vous la définisse. La vertu est un

« effort fait sur nous-mêmes pour le bien
« d'autrui, dans l'intention de plaire à
« Dieu seul.

PAUL.

« Oh que Virginie est vertueuse ! C'est
« par vertu qu'elle a voulu être riche, afin
« d'être bienfaisante. C'est par vertu qu'elle
« est partie de cette île : la vertu l'y ra-
« mènera. » L'idée de son retour prochain
allumant l'imagination de ce jeune homme,
toutes ses inquiétudes s'évanouissoient. Virginie n'avoit point écrit, parce qu'elle
alloit arriver. Il falloit si peu de temps
pour venir d'Europe avec un bon vent !
Il faisoit l'énumération des vaisseaux qui
avoient fait ce trajet de quatre mille cinq
cents lieues en moins de trois mois. Le
vaisseau où elle s'étoit embarquée n'en
mettroit pas plus de deux. Les constructeurs étoient aujourd'hui si savans, et les
marins si habiles ! Il parloit des arrangemens qu'il alloit faire pour la recevoir ;

du nouveau logement qu'il alloit bâtir, des plaisirs et des surprises qu'il lui ménageroit chaque jour, quand elle seroit sa femme ; sa femme!.... cette idée le ravissoit. Au moins, mon père, me disoit-il, vous ne ferez plus rien que pour votre plaisir. Virginie étant riche, nous aurons beaucoup de noirs qui travailleront pour vous. Vous serez toujours avec nous, n'ayant d'autre souci que celui de vous amuser et de vous réjouir. Et il alloit, hors de lui, porter à sa famille, la joie dont il étoit enivré.

En peu de temps, les grandes craintes succèdent aux grandes espérances. Les passions violentes jettent toujours l'ame dans les extrémités opposées. Souvent, dès le lendemain, Paul revenoit me voir, accablé de tristesse. Il me disoit : «Virginie «ne m'écrit point. Si elle étoit partie d'Eu- «rope, elle m'auroit mandé son départ. «Ah ! les bruits qui ont couru d'elle ne «sont que trop fondés. Sa tante l'a mariée

« à un grand seigneur. L'amour des ri-
« chesses l'a perdue comme tant d'autres.
« Dans ces livres qui peignent si bien les
« femmes, la vertu n'est qu'un sujet de
« roman. Si Virginie avoit eu de la vertu,
« elle n'auroit pas quitté sa propre mère et
« moi. Pendant que je passe ma vie à pen-
« ser à elle, elle m'oublie. Je m'afflige,
« et elle se divertit. Ah! cette pensée me
« désespère. Tout travail me déplaît; toute
« société m'ennuie. Plût à Dieu que la
« guerre fût déclarée dans l'Inde! j'irois
« y mourir.

« Mon fils, lui répondis-je, le courage
« qui nous jette dans la mort, n'est que
« le courage d'un instant. Il est sou-
« vent excité par les vains applaudissemens
« des hommes. Il en est un plus rare et
« plus nécessaire, qui nous fait supporter
« chaque jour, sans témoin et sans éloge,
« les traverses de la vie : c'est la patience.
« Elle s'appuie, non sur l'opinion d'au-
« trui ou sur l'impulsion de nos passions,

« mais sur la volonté de Dieu. La patience
« est le courage de la vertu. »

« Ah ! s'écria-t-il, je n'ai donc point de
« vertu ! Tout m'accable et me désespère.—
« La vertu, repris-je, toujours égale, cons-
« tante, invariable, n'est pas le partage
« de l'homme. Au milieu de tant de pas-
« sions qui nous agitent, notre raison se
« trouble et s'obscurcit ; mais il est des
« phares où nous pouvons en rallumer le
« flambeau, ce sont les lettres.

« Les lettres, mon fils, sont un secours
« du ciel. Ce sont des rayons de cette sa-
« gesse qui gouverne l'univers, que l'homme,
« inspiré par un art céleste, a appris à
« fixer sur la terre. Semblables aux rayons
« du soleil, elles éclairent, elles réjouis-
« sent, elles échauffent ; c'est un feu divin.
« Comme le feu, elles approprient toute
« la nature à notre usage. Par elles, nous
« réunissons autour de nous, les choses,
« les lieux, les hommes et les temps. Ce
« sont elles qui nous rappellent aux règles

« de la vie humaine. Elles calment les
« passions; elles répriment les vices; elles
« excitent les vertus par les exemples au-
« gustes des gens de bien qu'elles célèbrent,
« et dont elles nous présentent les images
« toujours honorées. Ce sont des filles du
« ciel qui descendent sur la terre pour
« charmer les maux du genre humain. Les
« grands écrivains qu'elles inspirent ont
« toujours paru dans les temps les plus
« difficiles à supporter à toute société, les
« temps de barbarie et ceux de déprava-
« tion. Mon fils, les lettres ont consolé
« une infinité d'hommes plus malheureux
« que vous : Xénophon, exilé de sa patrie
« après y avoir ramené dix mille Grecs;
« Scipion l'Africain, lassé des calomnies
« des Romains; Lucullus, de leur brigues;
« Catinat, de l'ingratitude de sa cour. Les
« Grecs, si ingénieux, avoient réparti à
« chacune des muses qui président aux
« lettres, une partie de notre entendement
« pour le gouverner : nous devons donc

« leur donner nos passions à régir, afin
« qu'elles leur imposent un joug et un
« frein. Elles doivent remplir, par rap-
« port aux puissances de notre ame, les
« mêmes fonctions que les Heures qui at-
« teloient et conduisoient les chevaux du
« soleil.

« Lisez donc, mon fils. Les sages qui
« ont écrit avant nous, sont des voyageurs
« qui nous ont précédés dans les sentiers
« de l'infortune, qui nous tendent la main
« et nous invitent à nous joindre à leur
« compagnie, lorsque tout nous abandonne.
« Un bon livre est un bon ami. »

« Ah ! s'écrioit Paul, je n'avois pas be-
« soin de savoir lire quand Virginie étoit
« ici. Elle n'avoit pas plus étudié que moi ;
« mais quand elle me regardoit en m'ap-
« pelant son ami, il m'étoit impossible
« d'avoir du chagrin. »

« Sans doute, lui disois-je, il n'y a point
« d'ami aussi agréable qu'une maîtresse
« qui nous aime. Il y a de plus, dans la

« femme, une gaieté légère qui dissipe
« la tristesse de l'homme. Ses graces font
« évanouir les noirs fantômes de la ré-
« flexion. Sur son visage sont les doux
« attraits et la confiance. Quelle joie n'est
« rendue plus vive par sa joie ? Quel front
« ne se déride à son sourire ? Quelle colère
« résiste à ses larmes ? Virginie reviendra
« avec plus de philosophie que vous n'en
« avez. Elle sera bien surprise de ne pas
« retrouver le jardin tout-à-fait rétabli,
« elle qui ne songe qu'à l'embellir, malgré
« les persécutions de sa parente, loin de sa
« mère et de vous. »

L'idée du retour prochain de Virginie renouveloit le courage de Paul, et le ramenoit à ses occupations champêtres. Heureux au milieu de ses peines, de proposer à son travail une fin qui plaisoit à sa passion !

Un matin, au point du jour (c'étoit le 24 décembre 1744), Paul, en se levant, aperçut un pavillon blanc arboré sur la montagne de la Découverte. Ce pavillon étoit le signalement d'un vaisseau qu'on voyoit en mer. Paul courut à la ville pour savoir s'il n'apportoit pas des nouvelles de Virginie. Il y resta jusqu'au retour du pilote du port, qui s'étoit embarqué pour aller le reconnoître, suivant l'usage. Cet homme ne revint que le soir. Il rapporta au gouverneur que le vaisseau signalé étoit le Saint-Géran, du port de 700 tonneaux, commandé par un capitaine appelé M. Aubin; qu'il étoit à quatre lieues au large, et qu'il ne mouilleroit au Port-Louis que le lendemain dans l'après-midi, si le vent étoit favorable. Il n'en faisoit point du tout alors. Le pilote remit au gouverneur les lettres que ce vaisseau apportoit de France. Il y en avoit une pour madame de la Tour, de l'écriture de Virginie. Paul s'en saisit aussitôt, la baisa avec transport, la mit dans son sein, et courut à l'habitation. Du plus loin qu'il aperçut la famille, qui attendoit son retour sur le rocher des Adieux, il éleva la lettre en l'air sans pouvoir parler ; et aussitôt tout le monde se rassembla chez madame de la Tour, pour en entendre la lecture. Virginie mandoit à sa mère qu'elle avoit éprouvé beaucoup de mauvais procédés de la part de sa grand'tante, qui l'avoit voulu marier malgré elle, ensuite déshéritée, et enfin renvoyée dans un temps qui ne lui permettoit d'arriver à l'île de France que dans la saison des ouragans ; qu'elle avoit essayé en vain de la fléchir, en lui représentant ce qu'elle devoit à sa mère et aux habitudes du premier âge ; qu'elle en avoit été traitée de fille insensée, dont la tête étoit gâtée par les romans ; qu'elle n'étoit maintenant sensible qu'au bonheur de revoir et d'embrasser sa chère famille, et qu'elle eût satisfait cet ardent désir dès le jour même, si le capitaine lui eût permis de s'embarquer dans la chaloupe du pilote; mais qu'il s'étoit opposé à son départ, à cause de l'éloignement de la terre, et d'une grosse mer qui régnoit au large, malgré le calme des vents.

A peine cette lettre fut lue, que toute la famille transportée de joie, s'écria : « Virginie est arrivée! » Maîtresse et serviteurs, tous s'embrassèrent. Madame de la Tour dit à Paul : «Mon fils, allez pré-
« venir notre voisin de l'arrivée de Vir-
« ginie. » Aussitôt Domingue alluma un flambeau de bois de ronde, et Paul et lui s'acheminèrent vers mon habitation.

Il pouvoit être dix heures du soir. Je venois d'éteindre ma lampe et de me coucher, lorsque j'aperçus à travers les palissades de ma cabane, une lumière dans les bois. Bientôt après, j'entendis la voix de Paul qui m'appeloit. Je me lève ; et à peine j'étois habillé, que Paul, hors de lui et tout essoufflé, me saute au cou en me disant : « Allons, allons, Virginie est
« arrivée. Allons au port, le vaisseau y
« mouillera au point du jour. »

Sur-le-champ, nous nous mettons en

route. Comme nous traversions les bois de la Montagne-longue, et que nous étions déja sur le chemin qui mène des Pamplemousses au port, j'entendis quelqu'un marcher derrière nous. C'étoit un noir qui s'avançoit à grands pas. Dès qu'il nous eut atteints, je lui demandai d'où il venoit et où il alloit en si grande hâte. Il me repondit : « Je viens du quartier de l'île « appelé la Poudre-d'or : on m'envoie au « port, avertir le gouverneur qu'un vais- « seau de France est mouillé sous l'île « d'Ambre. Il tire du canon pour deman- « der du secours, car la mer est bien mau- « vaise. » Cet homme ayant ainsi parlé, continua sa route sans s'arrêter davantage.

Je dis alors à Paul : « Allons vers le « quartier de la Poudre-d'or, au-devant de « Virginie; il n'y a que trois lieues d'ici. » Nous nous mîmes donc en route vers le nord de l'île. Il faisoit une chaleur étouffante. La lune étoit levée ; on voyoit autour d'elle trois grands cercles noirs. Le ciel étoit d'une obscurité affreuse. On distinguoit, à la lueur fréquente des éclairs, de longues files de nuages épais, sombres, peu élevés, qui s'entassoient vers le milieu de l'île, et venoient de la mer avec une grande vitesse, quoiqu'on ne sentît pas le moindre vent à terre. Chemin faisant, nous crûmes entendre rouler le tonnerre; mais ayant prêté l'oreille attentivement, nous reconnûmes que c'étoient des coups de canon répétés par les échos. Ces coups de canon lointains, joints à l'aspect d'un ciel orageux, me firent frémir. Je ne pouvois douter qu'ils ne fussent les signaux de détresse d'un vaisseau en perdition. Une demi-heure après, nous n'entendîmes plus tirer du tout; et ce silence me parut encore plus effrayant que le bruit lugubre qui l'avoit précédé.

Nous nous hâtions d'avancer, sans dire un mot, et sans oser nous communiquer nos inquiétudes. Vers minuit, nous arrivâmes tout en nage sur le bord de la mer, au quartier de la Poudre-d'or. Les flots s'y brisoient avec un bruit épouvantable ; ils en couvroient les rochers et les grèves d'écume d'un blanc éblouissant et d'étincelles de feu. Malgré les ténèbres, nous distinguâmes, à ces lueurs phosphoriques, les pirogues des pêcheurs, qu'on avoit tirées bien avant sur le sable.

A quelque distance de là, nous vîmes, à l'entrée du bois, un feu autour duquel plusieurs habitans s'étoient rassemblés. Nous fûmes nous y reposer en attendant le jour. Pendant que nous étions assis auprès de ce feu, un des habitans nous raconta que dans l'après-midi, il avoit vu un vaisseau en pleine mer porté sur l'île par les courans ; que la nuit l'avoit dérobé à sa vue ; que deux heures après le coucher du soleil, il l'avoit entendu tirer du canon pour appeler du secours, mais que la mer étoit si mauvaise, qu'on n'avoit pu mettre aucun bateau dehors pour aller à lui ; que bientôt après, il avoit cru apercevoir ses fanaux allumés, et que, dans ce cas, il craignoit que le vaisseau venu si près du rivage, n'eût passé entre la terre et la petite île d'Ambre, prenant celle-ci pour le Coin-de-Mire, près duquel passent les vaisseaux qui arrivent au Port-Louis ; que si cela étoit, ce qu'il ne pouvoit toutefois affirmer, ce vaisseau étoit dans le plus grand péril. Un autre habitant prit la parole, et nous dit qu'il avoit traversé plusieurs fois le canal qui sépare l'île d'Ambre de la côte ; qu'il l'avoit sondé; que la tenure et le mouillage en étoient très-bons, et que le vaisseau y étoit en parfaite sureté comme dans le meilleur port. « J'y mettrois toute « ma fortune, ajouta-t-il, et j'y dormirois « aussi tranquillement qu'à terre ». Un troisième habitant dit qu'il étoit impossible que ce vaisseau pût entrer dans ce canal, où à peine les chaloupes pouvoient naviguer. Il assura qu'il l'avoit vu mouiller au-delà de l'île d'Ambre, en sorte que si le vent venoit à s'élever au matin, il seroit le maître de pousser au large ou de gagner le port. D'autres habitans ouvrirent d'autres opinions. Pendant qu'ils contestoient entre eux, suivant la coutume des créoles oisifs, Paul et moi nous gardions un profond silence. Nous restâmes là jusqu'au petit point du jour; mais il faisoit trop peu de clarté au ciel pour qu'on pût distinguer aucun objet sur la mer, qui, d'ailleurs, étoit couverte de brume : nous n'entrevîmes au large qu'un nuage sombre, qu'on nous dit être l'île d'Ambre, située à un quart de lieue de la côte. On n'apercevoit dans ce jour ténébreux, que la pointe du rivage où nous étions, et quelques pitons des montagnes de l'intérieur de l'île, qui apparoissoient de temps en temps au milieu des nuages qui circuloient autour.

Vers les sept heures du matin, nous entendîmes dans les bois un bruit de tambours; c'étoit le gouverneur, M. de la Bourdonnais, qui arrivoit à cheval, suivi d'un détachement de soldats armés de fusils, et d'un grand nombre d'habitans et de noirs. Il plaça ses soldats sur le rivage, et leur ordonna de faire feu de leurs armes tous à-la-fois. A peine leur décharge fut faite, que nous aperçûmes sur la mer une lueur, suivie presque aussitôt d'un coup de canon. Nous jugeâmes que le vaisseau étoit à peu de distance de nous, et nous courûmes tous du côté où nous avions vu son signal. Nous aperçûmes alors à travers le brouillard, le corps et les vergues d'un grand vaisseau. Nous en étions si près, que malgré le bruit des flots, nous entendîmes le sifflet du maître qui commandoit la manœuvre, et les cris des matelots, qui crièrent trois fois VIVE LE ROI ; car c'est le cri des François dans les dangers extrêmes ainsi que dans les grandes joies ; comme si, dans les dangers, ils appeloient leur prince à leur secours, ou comme s'ils vouloient témoigner alors qu'ils sont prêts à périr pour lui.

Depuis le moment où le Saint-Géran aperçut que nous étions à portée de le secourir, il ne cessa de tirer du canon de trois minutes en trois minutes. M. de la Bourdonnais fit allumer de grands feux de distance en distance sur la grève, et envoya chez tous les habitans du voisinage, chercher des vivres, des planches, des cables, et des tonneaux vides. On en vit arriver bientôt une foule, accompagnés de leurs noirs chargés de provisions et d'agrès, qui venoient des habitations de la Poudre-d'or, du quartier de Flacque et de la rivière du Rempart. Un des plus anciens de ces habitans s'approcha du gouverneur, et lui dit : « Monsieur, on a en- « tendu toute la nuit des bruits sourds dans « la montagne ; dans les bois, les feuilles « des arbres remuent sans qu'il fasse de « vent ; les oiseaux de marine se réfugient « à terre : certainement tous ces signes an- « noncent un ouragan. — Eh bien, mes « amis, répondit le gouverneur, nous y

« sommes préparés, et surement le vais-
« seau l'est aussi. »

En effet, tout présageoit l'arrivée prochaine d'un ouragan. Les nuages qu'on distinguoit au zénith étoient à leur centre d'un noir affreux, et cuivrés sur leurs bords. L'air retentissoit des cris des paillencus, des frégates, des coupeurs d'eau, et d'une multitude d'oiseaux de marine, qui, malgré l'obscurité de l'atmosphère, venoient de tous les points de l'horizon chercher des retraites dans l'île.

Vers les neuf heures du matin, on entendit du côté de la mer des bruits épouvantables, comme si des torrens d'eau, mêlés à des tonnerres, eussent roulé du haut des montagnes. Tout le monde s'écria : Voilà l'ouragan ! » et dans l'instant, un tourbillon affreux de vent enleva la brume qui couvroit l'île d'Ambre et son canal. Le Saint-Géran parut alors à découvert, avec son pont chargé de monde, ses vergues et ses mâts de hune amenés sur le tillac, son pavillon en berne, quatre cables sur son avant, et un de retenue sur son arrière. Il étoit mouillé entre l'île d'Ambre et la terre, en-deçà de la ceinture de récifs, qui entoure l'île de France, et qu'il avoit franchie par un endroit où jamais vaisseau n'avoit passé avant lui. Il présentoit son avant aux flots qui venoient de la pleine mer, et à chaque lame d'eau qui s'engageoit dans le canal, sa proue se soulevoit toute entière, de sorte qu'on en voyoit la carêne en l'air; mais dans ce mouvement, sa poupe venant à plonger, disparoissoit à la vue jusqu'au couronnement, comme si elle eût été submergée. Dans cette position, où le vent et la mer le jetoient à terre, il lui étoit également impossible de s'en aller par où il étoit venu, ou, en coupant ses cables, d'échouer sur le rivage dont il étoit séparé par de hauts fonds semés de récifs. Chaque lame qui venoit briser sur la côte, s'avançoit en mugissant jusqu'au fond des anses, et y jetoit des galets à plus de cinquante pieds dans les terres; puis venant à se retirer, elle découvroit une grande partie du lit du rivage, dont elle rouloit les cailloux avec un bruit rauque et affreux. La mer, soulevée par le vent, grossissoit à chaque instant, et tout le canal compris entre cette île et l'île d'Ambre, n'étoit qu'une vaste nappe d'écumes blanches, creusée de vagues noires et profondes. Ces écumes s'amassoient dans le fond des anses, à plus de six pieds de hauteur, et le vent qui en balayoit la surface, les portoit par-dessus l'escarpement du rivage à plus d'une demi-lieue dans les terres. A leurs flocons blancs et innombrables, qui étoient chassés horizontalement jusqu'au pied des montagnes, on eût dit d'une neige qui sortoit de la mer. L'horizon offroit tous les signes d'une longue tempête; la mer y paroissoit confondue avec le ciel. Il s'en détachoit sans cesse des nuages d'une forme horrible, qui traversoient le zénith avec la vîtesse des oiseaux, tandis que d'autres y paroissoient immobiles comme de grands rochers. On n'apercevoit aucune partie azurée du firmament; une lueur olivâtre et blafarde éclairoit seule tous les objets de la terre, de la mer et des cieux.

Dans les balancemens du vaisseau, ce qu'on craignoit arriva. Les cables de son avant rompirent; et comme il n'étoit plus retenu que par une seule ansière, il fut jeté sur les rochers à une demi-encablure du rivage. Ce ne fut qu'un cri de douleur parmi nous. Paul alloit s'élancer à la mer, lorsque je le saisis par le bras. « Mon fils, « lui dis-je, voulez-vous périr? — Que « j'aille à son secours, s'écria-t-il, ou que « je meure! » Comme le désespoir lui ôtoit la raison, pour prévenir sa perte, Domingue et moi lui attachâmes à la ceinture une longue corde dont nous saisîmes l'une des extrémités. Paul alors s'avança vers le Saint-Géran, tantôt nageant, tantôt marchant sur les récifs. Quelquefois, il avoit l'espoir de l'aborder; car la mer, dans ces mouvemens irréguliers, laissoit le vaisseau presque à sec, de manière qu'on en eût pu faire le tour à pied : mais bientôt après, revenant sur ses pas avec une nouvelle furie, elle le couvroit d'énormes voûtes d'eau qui soulevoient tout l'avant de sa carène, et rejetoient bien loin sur le rivage le malheureux Paul, les jambes en sang, la poitrine meurtrie, et à demi noyé. A peine ce jeune homme avoit-il repris l'usage de ses sens, qu'il se relevoit, et retournoit avec une nouvelle ardeur vers le vaisseau, que la mer cependant entr'ouvroit par d'horribles secousses. Tout l'équipage désespérant alors de son salut, se précipitoit en foule à la mer, sur des vergues, des planches, des cages à poules, des tables et des tonneaux. On vit alors un objet digne d'une éternelle pitié : une jeune demoiselle parut dans la galerie de la poupe du Saint-Géran, tendant les bras vers celui qui faisoit tant d'efforts pour la joindre. C'étoit Virginie. Elle avoit reconnu son amant à son intrépidité. La vue de cette aimable personne exposée à un si terrible danger, nous remplit de douleur et de désespoir. Pour Virginie, d'un port noble et assuré, elle nous faisoit signe de la main, comme nous disant un éternel adieu. Tous les matelots s'étoient jetés à la mer. Il n'en restoit plus qu'un sur le pont, qui étoit tout nu, et nerveux comme Hercule. Il s'approcha de Virginie avec respect : nous le vîmes se jeter à ses genoux, et s'efforcer même de lui ôter ses habits ; mais elle, le repoussant avec dignité, détourna de lui sa vue. On entendit aussitôt ces cris redoublés des spectateurs : « Sauvez-la, sauvez-la; ne la « quittez pas. » Mais dans ce moment, une montagne d'eau d'une effroyable grandeur s'engouffra entre l'île d'Ambre et la côte, et s'avança en rugissant vers le vaisseau, qu'elle menaçoit de ses flancs noirs et de ses sommets écumans. A cette terrible vue, le matelot s'élança seul à la mer; et Virginie, voyant la mort inévitable, posa une main sur ses habits, l'autre sur son cœur, et levant en haut des yeux sereins, parut un ange qui prend son vol vers les cieux.

O jour affreux! hélas! tout fut englouti. La lame jeta bien avant dans les terres une partie des spectateurs, qu'un mouvement d'humanité avoit portés à s'avancer vers Virginie, ainsi que le matelot qui l'avoit voulu sauver à la nage. Cet homme échappé à une mort presque certaine, s'agenouilla sur le sable, en disant: « O mon « Dieu! vous m'avez sauvé la vie; mais je « l'aurois donnée de bon cœur pour cette « digne demoiselle qui n'a jamais voulu « se déshabiller comme moi. » Domingue et moi, nous retirâmes des flots le malheureux Paul sans connoissance, rendant le sang par la bouche et par les oreilles. Le gouverneur le fit mettre entre les mains des chirurgiens; et nous cherchâmes de notre côté le long du rivage, si la mer n'y apporteroit point le corps de Virginie : mais le vent ayant tourné subitement, comme il arrive dans les ouragans, nous eûmes le chagrin de penser que nous ne pourrions pas même rendre à cette fille infortunée les devoirs de la sépulture. Nous nous éloignâmes de ce lieu, accablés de consternation, tous l'esprit frappé d'une seule perte, dans un naufrage où un grand nombre de personnes avoient péri, la plupart doutant, par une fin aussi funeste d'une fille si vertueuse, qu'il existât une Providence; car il y a des maux si terribles et si peu mérités, que l'espérance même du sage en est ébranlée.

Cependant, on avoit mis Paul, qui commençoit à reprendre ses sens, dans une maison voisine, jusqu'à ce qu'il fût en état d'être transporté à son habitation. Pour moi, je m'en revins avec Domingue, afin de préparer la mère de Virginie et son amie à ce désastreux évènement. Quand nous fûmes à l'entrée du vallon de la rivière des Lataniers, des noirs nous dirent que la mer jetoit beaucoup de débris du vaisseau dans la baie vis-à-vis. Nous y descendîmes, et un des premiers objets que j'aperçus sur le rivage, fut le corps de Virginie. Elle étoit à moitié couverte de sable, dans l'attitude où nous l'avions vu périr. Ses traits n'étoient point sensiblement altérés. Ses yeux étoient fermés; mais la sérénité étoit encore sur son front seulement les pâles violettes de la mort se confondoient sur ses joues avec les roses de la pudeur. Une de ses mains étoit sur ses habits, et l'autre, qu'elle appuyoit sur son cœur, étoit fortement fermée et roidie J'en dégageai avec peine une petite boîte mais quelle fut ma surprise, lorsque je vi que c'étoit le portrait de Paul, qu'elle lu avoit promis de ne jamais abandonne tant qu'elle vivroit! A cette dernière mar que de la constance et de l'amour de cett fille infortunée, je pleurai amèrement. Pou

Naufrage du Vaisseau le St Géran et mort de Virginie.

Domingue, il se frappoit la poitrine et perçoit l'air de ses cris douloureux. Nous portâmes le corps de Virginie dans une cabane de pêcheurs, où nous le donnâmes à garder à de pauvres femmes malabares, qui prirent soin de le laver.

Pendant qu'elles s'occupoient de ce triste office, nous montâmes en tremblant à l'habitation. Nous y trouvâmes madame de la Tour et Marguerite en prières, en attendant des nouvelles du vaisseau. Dès que madame de la Tour m'aperçut, elle s'écria : « Où est ma fille, ma chère fille, « mon enfant? » Ne pouvant douter de son malheur à mon silence et à mes larmes, elle fut saisie tout-à-coup d'étouffemens et d'angoisses douloureuses; sa voix ne faisoit plus entendre que des soupirs et des sanglots. Pour Marguerite, elle s'écria : « Où « est mon fils? je ne vois point mon fils; » et elle s'évanouit. Nous courûmes à elle; et l'ayant fait revenir, je l'assurai que Paul étoit vivant, et que le gouverneur en faisoit prendre soin. Elle ne reprit ses sens que pour s'occuper de son amie, qui tomboit de temps en temps dans de longs évanouissemens. Madame de la Tour passa toute la nuit dans ces cruelles souffrances; et par leurs longues périodes, j'ai jugé qu'aucune douleur n'étoit égale à la douleur maternelle. Quand elle recouvroit la connoissance, elle tournoit des regards fixes et mornes vers le ciel. En vain son amie et moi, nous lui pressions les mains dans les nôtres, en vain nous l'appelions par les noms les plus tendres; elle paroissoit insensible à ces témoignages de notre ancienne affection, et il ne sortoit de sa poitrine oppressée que de sourds gémissemens.

Dès le matin on apporta Paul couché dans un palanquin. Il avoit repris l'usage de ses sens; mais il ne pouvoit proférer une parole. Son entrevue avec sa mère et madame de la Tour, que j'avois d'abord redoutée, produisit un meilleur effet que tous les soins que j'avois pris jusqu'alors. Un rayon de consolation parut sur le visage de ces deux malheureuses mères. Elles se mirent l'une et l'autre auprès de lui ; le saisirent dans leurs bras, le baisèrent, et leurs larmes, qui avoient été suspendues jusqu'alors par l'excès de leur chagrin, commencèrent à couler. Paul y mêla bientôt les siennes. La nature s'étant ainsi soulagée dans ces trois infortunés, un long assoupissement succéda à l'état convulsif de leur douleur, et leur procura un repos léthargique semblable, à la vérité, à celui de la mort.

M. de la Bourdonnais m'envoya avertir secrètement, que le corps de Virginie avoit été apporté à la ville par son ordre, et que de là, on alloit le transférer à l'église des Pamplemousses. Je descendis aussitôt au Port-Louis, où je trouvai des habitans de tous les quartiers rassemblés pour assister à ses funérailles, comme si l'île eût perdu en elle ce qu'elle avoit de plus cher. Dans le port, les vaisseaux avoient leurs vergues croisées, leurs pavillons en berne, et tiroient du canon par longs intervalles. Des grenadiers ouvroient la marche du convoi ; ils portoient leurs fusils baissés. Leurs tambours, couverts de longs crêpes, ne faisoient entendre que des sons lugubres, et on voyoit l'abattement peint dans les traits de ces guerriers, qui avoient tant de fois affronté la mort dans les combats, sans changer de visage. Huit jeunes demoiselles des plus considérables de l'île, vêtues de blanc, et tenant des palmes à la main, portoient le corps de leur vertueuse compagne, couvert de fleurs. Un chœur de petits enfans le suivoit en chantant des hymnes : après eux venoit tout ce que l'île avoit de plus distingué dans ses habitans et dans son état-major, à la suite duquel marchoit le gouverneur, suivi de la foule du peuple.

Voilà ce que l'administration avoit ordonné, pour rendre quelques honneurs à la vertu de Virginie. Mais quand son corps fut arrivé au pied de cette montagne, à la vue de ces mêmes cabanes dont elle avoit fait si long-temps le bonheur, et que sa mort remplissoit maintenant de désespoir, toute la pompe funèbre fut dérangée : les hymnes et les chants cessèrent ; on n'entendit plus dans la plaine que des soupirs et des sanglots. On vit accourir alors des troupes de jeunes filles des habitations voisines, pour faire toucher au cercueil de Virginie, des mouchoirs, des chapelets et des couronnes de fleurs, en l'invoquant comme une sainte. Les mères demandoient à Dieu une fille comme elle ; les garçons, des amantes aussi constantes ; les pauvres, une amie aussi tendre ; les esclaves, une maîtresse aussi bonne.

Lorsqu'elle fut arrivée au lieu de sa sépulture, des négresses de Madagascar et des Caffres de Mosambique, déposèrent autour d'elle des paniers de fruits, et suspendirent des pièces d'étoffes aux arbres voisins, suivant l'usage de leur pays. Des Indiennes du Bengale et de la côte Malabare, apportèrent des cages pleines d'oiseaux, auxquels elles donnèrent la liberté sur son corps; tant la perte d'un objet aimable intéresse toutes les nations, et tant est grand le pouvoir de la vertu malheureuse, puisqu'elle réunit toutes les religions autour de son tombeau!

Il fallut mettre des gardes auprès de sa fosse, et en écarter quelques filles de pauvres habitans, qui vouloient s'y jeter à toute force, disant qu'elles n'avoient plus de consolation à espérer dans le monde, et qu'il ne leur restoit qu'à mourir avec celle qui étoit leur unique bienfaitrice.

On l'enterra près de l'église des Pamplemousses, sur son côté occidental, au pied d'une touffe de bambous, où, en venant à la messe avec sa mère et Marguerite, elle aimoit à se reposer, assise à côté de celui qu'elle appeloit alors son frère.

Au retour de cette pompe funèbre, M. de la Bourdonnais monta ici, suivi d'une partie de son nombreux cortége. Il offrit à madame de la Tour et à son amie tous les secours qui dépendoient de lui. Il s'exprima en peu de mots, mais avec indignation contre sa tante dénaturée; et s'approchant de Paul, il lui dit tout ce qu'il crut propre à le consoler. « Je dési-« rois, lui dit-il, votre bonheur et celui « de votre famille : Dieu m'en est témoin. « Mon ami, il faut aller en France ; je « vous y ferai avoir du service. Dans votre « absence, j'aurai soin de votre mère « comme de la mienne ; » et en même temps, il lui présenta la main ; mais Paul retira la sienne, et détourna la tête pour ne le pas voir.

Pour moi, je restai dans l'habitation de mes amies infortunées, pour leur donner, ainsi qu'à Paul, tous les secours dont j'étois capable. Au bout de trois semaines, Paul fut en état de marcher; mais son chagrin paroissoit augmenter à mesure que son corps reprenoit des forces. Il étoit insensible à tout, ses regards étoient éteints, et il ne répondoit rien à toutes les questions qu'on pouvoit lui faire. Madame de la Tour, qui étoit mourante, lui disoit souvent : « Mon fils, tant que je vous verrai, je croirai voir ma chère Virginie. » A ce nom de Virginie, il tressailloit et s'éloignoit d'elle, malgré les invitations de sa mère, qui le rappeloit auprès de son amie. Il alloit seul se retirer dans le jardin, et s'asseyoit au pied du cocotier de Virginie, les yeux fixés sur sa fontaine. Le chirurgien du gouverneur, qui avoit pris le plus grand soin de lui et de ces dames, nous dit que pour le tirer de sa noire mélancolie, il falloit lui laisser faire tout ce qu'il lui plairoit, sans le contrarier en rien ; qu'il n'y avoit que ce seul moyen de vaincre le silence auquel il s'obstinoit.

Je résolus de suivre son conseil. Dès

que Paul sentit ses forces un peu rétablies, le premier usage qu'il en fit, fut de s'éloigner de l'habitation. Comme je ne le perdois pas de vue, je me mis en marche après lui, et je dis à Domingue de prendre des vivres, et de nous accompagner. A mesure que ce jeune homme descendoit cette montagne, sa joie et ses forces sembloient renaître. Il prit d'abord le chemin des Pamplemousses ; et quand il fut auprès de l'église, dans l'allée des bambous, il s'en fut droit au lieu où il vit de la terre fraîchement remuée : là, il s'agenouilla, et levant les yeux au ciel, il fit une longue prière. Sa démarche me parut de bon augure pour le retour de sa raison, puisque cette marque de confiance envers l'Être suprême, faisoit voir que son ame commençoit à reprendre ses fonctions naturelles. Domingue et moi, nous nous mîmes à genoux à son exemple, et nous priâmes avec lui. Ensuise il se leva, et prit sa route vers le nord de l'île, sans faire beaucoup d'attention à nous. Comme je savois qu'il ignoroit non-seulement où on avoit déposé le corps de Virginie, mais même s'il avoit été retiré de la mer, je lui demandai pourquoi il avoit été prier Dieu au pied de ces bambous; il me répondit : « Nous y avons été si souvent ! »

Il continua sa route jusqu'à l'entrée de la forêt, où la nuit nous surprit. Là, je l'engageai par mon exemple à prendre quelque nourriture ; ensuite, nous dormîmes sur l'herbe, au pied d'un arbre. Le lendemain, je crus qu'il se détermineroit à revenir sur ses pas. En effet, il regarda quelque temps dans la plaine l'église des Pamplemousses avec ses longues avenues de bambous, et il fit quelques mouvemens comme pour y retourner ; mais il s'enfonça brusquement dans la forêt, en dirigeant toujours sa route vers le nord. Je pénétrai son intention, et je m'efforçai en vain de l'en distraire. Nous arrivâmes sur le milieu du jour au quartier de la Poudre-d'or. Il descendit précipitamment au bord de la mer, vis-à-vis du lieu où avoit péri le Saint-Géran. A la vue de l'île d'Ambre et de son canal alors uni comme un miroir, il s'écria : « Virginie ! ô ma chère Vir-« ginie ! » et aussitôt il tomba en défaillance. Domingue et moi nous le portâmes dans l'intérieur de la forêt, où nous le fîmes revenir avec bien de la peine. Dès qu'il eut repris ses sens, il voulut retourner sur les bords de la mer, mais l'ayant supplié de ne pas renouveler sa douleur et la nôtre par de si cruels ressouvenirs, il prit une autre direction. Enfin, pendant huit jours, il se rendit dans tous les lieux où il s'étoit trouvé avec la compagne de son enfance. Il parcourut le sentier par où elle avoit été demander la grace de l'esclave de la Rivière-noire ; il revit ensuite les bords de la rivière des Trois-mamelles, où elle s'assit ne pouvant plus marcher, et la partie du bois où elle s'étoit égarée. Tous les lieux qui lui rappeloient les inquiétudes, les jeux, les repas, la bienfaisance de sa bien-aimée; la rivière de la Montagne-longue, ma petite maison, la cascade voisine, le papayer qu'elle avoit planté, les pelouses où elle aimoit à courir, les carrefours de la forêt où elle se plaisoit à chanter, firent tour-à-tour couler ses larmes; et les mêmes échos qui avoient retenti tant de fois de leurs cris de joie communs, ne répétoient plus maintenant que ces mots douloureux : « Virgi-« nie ! ô ma chère Virginie ! »

Dans cette vie sauvage et vagabonde, ses yeux se cavèrent, son teint jaunit et sa santé s'altéra de plus en plus. Persuadé que le sentiment de nos maux redouble par le souvenir de nos plaisirs, et que les passions s'accroissent dans la solitude, je résolus d'éloigner mon infortuné ami des lieux qui lui rappeloient le souvenir de sa perte, et de le transférer dans quelque endroit de l'île, où il y eût beaucoup de dissipation. Pour cet effet, je le conduisis

duisis sur les hauteurs habitées du quartier de Williams, où il n'avoit jamais été. L'agriculture et le commerce répandoient dans cette partie de l'île beaucoup de mouvement et de variété. Il y avoit des troupes de charpentiers qui écarrissoient des bois, et d'autres qui les scioient en planches; des voitures alloient et venoient le long de ses chemins : de grands troupeaux de bœufs et de chevaux y paissoient dans de vastes pâturages, et la campagne y étoit parsemée d'habitations. L'élévation du sol y permettoit en plusieurs lieux la culture de diverses espèces de végétaux de l'Europe. On y voyoit çà et là des moissons de blé dans la plaine, des tapis de fraisiers dans les éclaircis des bois, et des haies de rosiers le long des routes. La fraîcheur de l'air, en donnant de la tension aux nerfs, y étoit même favorable à la santé des blancs. De ces hauteurs situées vers le milieu de l'île, et entourées de grands bois, on n'apercevoit ni la mer, ni le

Port-Louis, ni l'église des Pamplemousses, ni rien qui pût rappeler à Paul le souvenir de Virginie. Les montagnes mêmes, qui présentent différentes branches du côté du Port-Louis, n'offrent plus du côté des plaines de Williams, qu'un long promontoire en ligne droite et perpendiculaire, d'où s'élèvent plusieurs longues pyramides de rochers où se rassemblent les nuages.

Ce fut donc dans ces plaines où je conduisis Paul. Je le tenois sans cesse en action, marchant avec lui au soleil et à la pluie, de jour et de nuit, l'égarant exprès dans les bois, les défrichés, les champs, afin de distraire son esprit par la fatigue de son corps, et de donner le change à ses réflexions, par l'ignorance du lieu où nous étions, et du chemin que nous avions perdu. Mais l'ame d'un amant retrouve par-tout les traces de l'objet aimé. La nuit et le jour, le calme des solitudes et le bruit des habitations, le temps même qui emporte tant de souvenirs, rien ne peut l'en écarter. Comme l'aiguille touchée de l'aimant, elle a beau être agitée, dès qu'elle rentre dans son repos, elle se tourne vers le pôle qui l'attire. Quand je demandois à Paul, égaré au milieu des plaines de Williams : « Où irons-nous « maintenant ? » il se tournoit vers le nord, et me disoit : « Voilà nos montagnes, « retournons-y. »

Je vis bien que tous les moyens que je tentois pour le distraire étoient inutiles, et qu'il ne me restoit d'autre ressource que d'attaquer sa passion en elle-même, en y employant toutes les forces de ma foible raison. Je lui répondis donc : « Oui, voilà « les montagnes où demeuroit votre chère « Virginie, et voilà le portrait que vous « lui aviez donné, et qu'en mourant elle « portoit sur son cœur, dont les derniers « mouvemens ont encore été pour vous. » Je présentai alors à Paul le petit portrait qu'il avoit donné à Virginie au bord de la fontaine des cocotiers. A cette vue, une joie funeste parut dans ses regards. Il saisit avidement ce portrait de ses foibles mains, et le porta sur sa bouche. Alors sa poitrine s'oppressa, et dans ses yeux à demi sanglans, des larmes s'arrêtèrent sans pouvoir couler.

Je lui dis : « Mon fils, écoutez-moi,
« qui suis votre ami, qui ai été celui de
« Virginie, et qui, au milieu de vos espé-
« rances, ai souvent tâché de fortifier votre
« raison contre les accidens imprévus de la
« vie. Que déplorez-vous avec tant d'amer-
« tume ? est-ce votre malheur ? est-ce celui
« de Virginie ?

« Votre malheur ? Oui, sans doute il est
« grand. Vous avez perdu la plus aimable
« des filles, qui auroit été la plus digne des
« femmes. Elle avoit sacrifié ses intérêts
« aux vôtres, et vous avoit préféré à la
« fortune, comme la seule récompense
« digne de sa vertu. Mais que savez-vous
« si l'objet de qui vous deviez attendre

« un bonheur si pur, n'eût pas été pour
« vous la source d'une infinité de peines ?
« Elle étoit sans bien, et déshéritée ; vous
« n'aviez désormais à partager avec elle
« que votre seul travail. Revenue plus dé-
« licate par son éducation, et plus coura-
« geuse par son malheur même, vous l'au-
« riez vue chaque jour succomber, en s'ef-
« forçant de partager vos fatigues. Quand
« elle vous auroit donné des enfans, ses
« peines et les vôtres auroient augmenté,
« par la difficulté de soutenir seule avec
« vous de vieux parens et une famille nais-
« sante.

« Vous me direz : Le gouverneur nous
« auroit aidés. Que savez-vous, si dans
« une colonie qui change si souvent d'ad-
« ministrateurs, vous aurez souvent des
« la Bourdonnais ? s'il ne viendra pas ici
« des chefs sans mœurs et sans morale ?
« si, pour obtenir quelque misérable se-
« cours, votre épouse n'eût pas été obli-
« gée de leur faire sa cour ? Où elle eût été

« foible, et vous eussiez été à plaindre; ou
« elle eût été sage, et vous fussiez resté pau-
« vre: heureux si, à cause de sa beauté et
« de sa vertu, vous n'eussiez pas été per-
« sécuté par ceux mêmes de qui vous espé-
« riez de la protection!

« Il me fût resté, me direz-vous, le
« bonheur, indépendant de la fortune, de
« protéger l'objet aimé, qui s'attache à
« nous à proportion de sa foiblesse même;
« de le consoler par mes propres inquié-
« tudes; de le réjouir de ma tristesse, et
« d'accroître notre amour de nos peines
« mutuelles. Sans doute la vertu et l'amour
« jouissent de ces plaisirs amers. Mais elle
« n'est plus, et il vous reste ce qu'après
« vous elle a le plus aimé, sa mère et la
« vôtre, que votre douleur inconsolable
« conduira au tombeau. Mettez votre bon-
« heur à les aider, comme elle l'y avoit
« mis elle-même. Mon fils, la bienfai-
« sance est le bonheur de la vertu; il n'y
« en a point de plus assuré et de plus

« grand sur la terre. Les projets de plai-
« sirs, de repos, de délices, d'abondance,
« de gloire, ne sont point faits pour l'homme
« foible, voyageur et passager. Voyez
« comme un pas vers la fortune nous a
« précipités tous d'abîme en abîme. Vous
« vous y êtes opposé, il est vrai ; mais
« qui n'eût pas cru que le voyage de Vir-
« ginie devoit se terminer par son bonheur
« et par le vôtre ? Les invitations d'une
« parente riche et âgée, les conseils d'un
« sage gouverneur, les applaudissemens
« d'une colonie, les exhortations et l'au-
« torité d'un prêtre, ont décidé du mal-
« heur de Virginie. Ainsi nous courons à
« notre perte, trompés par la prudence
« même de ceux qui nous gouvernent. Il eût
« mieux valu sans doute ne pas les croire,
« ni se fier à la voix et aux espérances d'un
« monde trompeur. Mais enfin, de tant
« d'hommes que nous voyons si occupés
« dans ces plaines, de tant d'autres qui vont
« chercher la fortune aux Indes, ou qui,

« sans sortir de chez eux, jouissent en re-
« pos en Europe des travaux de ceux-ci,
« il n'y en a aucun qui ne soit destiné à
« perdre un jour ce qu'il chérit le plus,
« grandeurs, fortune, femme, enfans,
« amis. La plupart auront à joindre à leur
« perte le souvenir de leur propre impru-
« dence. Pour vous, en rentrant en vous-
« même, vous n'avez rien à vous reprocher.
« Vous avez été fidèle à votre foi. Vous
« avez eu, à la fleur de la jeunesse, la pru-
« dence d'un sage, en ne vous écartant pas
« du sentiment de la nature. Vos vues seu-
« les étoient légitimes, parce qu'elles
« étoient pures, simples, désintéressées,
« et que vous aviez sur Virginie des droits
« sacrés, qu'aucune fortune ne pouvoit
« balancer. Vous l'avez perdue, et ce n'est
« ni votre imprudence, ni votre avarice,
« ni votre fausse sagesse qui vous l'ont fait
« perdre, mais Dieu même, qui a em-
« ployé les passions d'autrui pour vous ôter
« l'objet de votre amour ; Dieu, de qui

« vous tenez tout, qui voit tout ce qui vous
« convient, et dont la sagesse ne vous laisse
« aucun lieu au repentir et au désespoir
« qui marchent à la suite des maux dont
« nous avons été la cause.

« Voilà ce que vous pouvez vous dire
« dans votre infortune : Je ne l'ai pas mé-
« ritée. Est-ce donc le malheur de Virginie,
« sa fin, son état présent, que vous déplo-
« rez? Elle a subi le sort réservé à la nais-
« sance, à la beauté et aux empires mêmes.
« La vie de l'homme, avec tous ses projets,
« s'élève comme une petite tour dont la
« mort est le couronnement. En naissant,
« elle étoit condamnée à mourir. Heureuse
« d'avoir dénoué les liens de la vie avant
« sa mère, avant la vôtre, avant vous ;
« c'est-à-dire, de n'être pas morte plusieurs
« fois avant la dernière !

« La mort, mon fils, est un bien pour
« tous les hommes ; elle est la nuit de ce
« jour inquiet qu'on appelle la vie. C'est
« dans le sommeil de la mort que reposent

« pour jamais les maladies, les douleurs,
« les chagrins, les craintes qui agitent sans
« cesse les malheureux vivans. Examinez
« les hommes qui paroissent les plus heu-
« reux : vous verrez qu'ils ont acheté leur
« prétendu bonheur bien chèrement ; la
« considération publique, par des maux
« domestiques ; la fortune, par la perte
« de la santé ; le plaisir si rare d'être aimé,
« par des sacrifices continuels : et souvent,
« à la fin d'une vie sacrifiée aux intérêts
« d'autrui, ils ne voient autour d'eux que
« des amis faux et des parens ingrats. Mais
« Virginie a été heureuse jusqu'au dernier
« moment. Elle l'a été avec nous par les
« biens de la nature; loin de nous, par ceux
« de la vertu ; et, même dans le moment
« terrible où nous l'avons vu périr, elle
« étoit encore heureuse ; car soit qu'elle
« jetât les yeux sur une colonie entière à
« qui elle causoit une désolation univer-
« selle, ou sur vous qui couriez avec tant
« d'intrépidité à son secours, elle a vu

« combien elle nous étoit chère à tous. Elle
« s'est fortifiée contre l'avenir, par le sou-
« venir de l'innocence de sa vie, et elle a
« reçu alors le prix que le ciel réserve à la
« vertu, un courage supérieur au danger.
« Elle a présenté à la mort un visage
« serein.

« Mon fils, Dieu donne à la vertu tous
« les événemens de la vie à supporter, pour
« faire voir qu'elle seule peut en faire usage,
« et y trouver du bonheur et de la gloire.
« Quand il lui réserve une réputation illus-
« tre, il l'élève sur un grand théâtre, et la
« met aux prises avec la mort ; alors son
« courage sert d'exemple, et le souvenir
« de ses malheurs reçoit à jamais un tribut
« de larmes de la postérité. Voilà le mo-
« nument immortel qui lui est réservé sur
« une terre où tout passe, et où la mé-
« moire même de la plupart des rois est
« bientôt ensevelie dans un éternel oubli.

« Mais Virginie existe encore. Mon fils,
« voyez que tout change sur la terre, et que

« rien ne s'y perd. Aucun art humain ne
« pourroit anéantir la plus petite particule
« de matière ; et ce qui fut raisonnable,
« sensible, aimant, vertueux, religieux,
« auroit péri, lorsque les élémens dont il
« étoit revêtu sont indestructibles ! Ah ! si
» Virginie a été heureuse avec nous, elle
« l'est maintenant bien davantage. Il y a
« un Dieu, mon fils : toute la nature l'an-
« nonce ; je n'ai pas besoin de vous le
« prouver. Il n'y a que la méchanceté des
« hommes qui leur fasse nier une justice
« qu'ils craignent. Son sentiment est dans
« votre cœur, ainsi que ses ouvrages sont
« sous vos yeux. Croyez-vous donc qu'il
« laisse Virginie sans récompense ? Croyez-
« vous que cette même puissance qui avoit
« revêtu cette ame si noble d'une forme si
« belle, où vous sentiez un art divin, n'au-
« roit pu la tirer des flots ? que celui qui
« a arrangé le bonheur actuel des hommes
« par des lois que vous ne connoissez pas,
« ne puisse en préparer un autre à Virginie

« par des lois qui vous sont également in-
« connues ? Quand nous étions dans le
« néant, si nous eussions été capables de
« penser, aurions-nous pu nous former une
« idée de notre existence ? Et maintenant
« que nous sommes dans cette existence
« ténébreuse et fugitive, pouvons-nous
« prévoir ce qu'il y a au-delà de la mort
« par où nous en devons sortir ? Dieu a-t-il
« besoin, comme l'homme, du petit globe
« de notre terre, pour servir de théâtre à
« son intelligence et à sa bonté, et n'a-
« t-il pu propager la vie humaine que dans
« les champs de la mort ? Il n'y a pas dans
« l'océan une seule goutte d'eau qui ne
« soit pleine d'êtres vivans qui ressortis-
« sent à nous, et il n'existeroit rien pour
« nous parmi tant d'astres qui roulent sur
« nos têtes ! Quoi ! il n'y auroit d'intel-
« ligence suprême et de bonté divine, pré-
« cisément que là où nous sommes ; et
« dans ces globes rayonnans et innombra-
« bles, dans ces champs infinis de lumière

« qui les environnent, que ni les orages
« ni les nuits n'obscurcissent jamais, il n'y
« auroit qu'un espace vain et un néant éter-
« nel ! Si nous, qui ne nous sommes rien
« donné, osions assigner des bornes à la
« puissance de laquelle nous avons tout
« reçu, nous pourrions croire que nous
« sommes ici sur les limites de son em-
« pire, où la vie se débat avec la mort, et
« l'innocence avec la tyrannie.

« Sans doute il est quelque part un lieu
« où la vertu reçoit sa récompense. Virginie
« maintenant est heureuse. Ah ! si du sé-
« jour des anges elle pouvoit se communi-
« quer à vous, elle vous diroit comme dans
« ses adieux : O Paul ! la vie n'est qu'une
« épreuve. J'ai été trouvée fidèle aux lois
« de la nature, de l'amour et de la vertu.
« J'ai traversé les mers pour obéir à mes
« parens ; j'ai renoncé aux richesses pour
« conserver ma foi ; et j'ai mieux aimé per-
« dre la vie que de violer la pudeur. Le
« ciel a trouvé ma carrière suffisamment

« remplie. J'ai échappé pour toujours à
« la pauvreté, à la calomnie, aux tem-
« pêtes, au spectacle des douleurs d'autrui.
« Aucun des maux qui effraient les hom-
« mes ne peut plus désormais m'atteindre ;
« et vous me plaignez ! Je suis pure et inal-
« térable comme une particule de lumière ;
« et vous me rappelez dans la nuit de
« la vie ! O Paul ! ô mon ami ! souviens-
« toi de ces jours de bonheur, où, dès le
« matin, nous goûtions la volupté des cieux,
« se levant avec le soleil sur les pitons de
« ces rochers, et se répandant avec ses
« rayons au sein de nos forêts. Nous éprou-
« vions un ravissement dont nous ne pou-
« vions comprendre la cause. Dans nos
« souhaits innocens, nous désirions être
« tout vue, pour jouir des riches couleurs
« de l'aurore ; tout odorat, pour sentir les
« parfums de nos plantes ; tout ouïe, pour
« entendre les concerts de nos oiseaux ;
« tout cœur, pour reconnoître ces bien-
« faits. Maintenant à la source de la beauté

« d'où découle tout ce qui est agréable sur
« la terre, mon ame voit, goûte, entend,
« touche immédiatement ce qu'elle ne
« pouvoit sentir alors que par de foibles
« organes. Ah ! quelle langue pourroit dé-
« crire ces rivages d'un orient éternel que
« j'habite pour toujours ? Tout ce qu'une
« puissance infinie et une bonté céleste
« ont pu créer pour consoler un être mal-
« heureux ; tout ce que l'amitié d'une in-
« finité d'êtres, réjouis de la même félicité,
« peut mettre d'harmonie dans des trans-
« ports communs, nous l'éprouvons sans
« mélange. Soutiens donc l'épreuve qui
« t'est donnée, afin d'accroître le bonheur
« de ta Virginie par des amours qui n'au-
« ront plus de terme, par un hymen dont
« les flambeaux ne pourront plus s'étein-
« dre. Là j'appaiserai tes regrets ; là j'es-
« suierai tes larmes. O mon ami ! mon
« jeune époux ! élève ton ame vers l'infini,
« pour supporter des peines d'un moment. »

Ma propre émotion mit fin à mon

discours. Pour Paul, me regardant fixement, il s'écria : « Elle n'est plus ! elle
« n'est plus ! » et une longue foiblesse succéda à ces douloureuses paroles. Ensuite,
revenant à lui, il dit : « Puisque la mort
« est un bien, et que Virginie est heu-
« reuse, je veux aussi mourir, pour me
« rejoindre à Virginie. » Ainsi mes motifs
de consolation ne servirent qu'à nourrir
son désespoir. J'étois comme un homme
qui veut sauver son ami coulant à fond au
milieu d'un fleuve sans vouloir nager. La
douleur l'avoit submergé. Hélas ! les malheurs du premier âge préparent l'homme
à entrer dans la vie, et Paul n'en avoit
jamais éprouvé.

Je le ramenai à son habitation. J'y
trouvai sa mère et madame de la Tour
dans un état de langueur qui avoit encore
augmenté. Marguerite étoit la plus abattue. Les caractères vifs sur lesquels glissent
les peines légères, sont ceux qui résistent
le moins aux grands chagrins.

Elle me dit : « O mon bon voisin ! il
« m'a semblé cette nuit voir Virginie vêtue
« de blanc, au milieu de bocages et de jar-
« dins délicieux. Elle m'a dit : Je jouis
« d'un bonheur digne d'envie. Ensuite,
« elle s'est approchée de Paul d'un air
« riant, et l'a enlevé avec elle. Comme je
« m'efforçois de retenir mon fils, j'ai senti
« que je quittois moi-même la terre, et
« que je le suivois avec un plaisir inexpri-
« mable. Alors j'ai voulu dire adieu à mon
« amie ; mais je l'ai vue qui nous suivoit
« avec Marie et Domingue. Mais ce que
« je trouve encore de plus étrange, c'est
« que madame de la Tour a fait, cette
« même nuit, un songe accompagné des
« mêmes circonstances. »

Je lui répondis : « Mon amie, je crois
« que rien n'arrive dans le monde sans la
« permission de Dieu. Les songes annon-
« cent quelquefois la vérité.

Madame de la Tour me fit le récit d'un
songe tout-à-fait semblable, qu'elle avoit

eu cette même nuit. Je n'avois jamais remarqué dans ces deux dames aucun penchant à la superstition ; je fus donc frappé de la concordance de leur songe, et je ne doutai pas en moi-même qu'il ne vînt à se réaliser. Cette opinion, que la vérité se présente quelquefois à nous pendant le sommeil, est répandue chez tous les peuples de la terre. Les plus grands hommes de l'antiquité y ont ajouté foi, entre autres, Alexandre, César, les Scipions, les deux Catons et Brutus, qui n'étoient pas des esprits foibles. L'ancien et le nouveau testament nous fournissent quantité d'exemples de songes qui se sont réalisés. Pour moi, je n'ai besoin à cet égard que de ma propre expérience, et j'ai éprouvé plus d'une fois que les songes sont des avertissemens que nous donne quelque intelligence qui s'intéresse à nous. Que si l'on veut combattre ou défendre avec des raisonnemens, des choses qui surpassent la lumière de la raison humaine, c'est ce qui n'est pas possible. Cependant si la raison de l'homme n'est qu'une image de celle de Dieu, puisque l'homme trouve bien le moyen de faire parvenir ses intentions jusqu'au bout du monde par des moyens secrets et cachés, pourquoi l'intelligence qui gouverne l'univers n'en emploieroit-elle pas de semblables pour la même fin ? Un ami console son ami par une lettre, qui traverse une multitude de royaumes, circule au milieu des haines des nations, et vient apporter de la joie et de l'espérance à un seul homme ; pourquoi le souverain protecteur de l'innocence ne peut-il venir, par quelque voie secrète, au secours d'une ame vertueuse qui ne met sa confiance qu'en lui seul ? A-t-il besoin d'employer quelque signe extérieur pour exécuter sa volonté, lui qui agit sans cesse dans tous ses ouvrages par un travail intérieur ?

Pourquoi douter des songes ? La vie, remplie de tant de projets passagers et vains, est-elle autre chose qu'un songe?

Quoi qu'il en soit, celui de mes amies infortunées se réalisa bientôt. Paul mourut deux mois après la mort de sa chère Virginie, dont il prononçoit sans cesse le nom. Marguerite vit venir sa fin huit jours après celle de son fils, avec une joie qu'il n'est donné qu'à la vertu d'éprouver. Elle fit les plus tendres adieux à madame de la Tour, « dans l'espérance, lui dit-elle, « d'une douce et éternelle réunion. La mort « est le plus grand des biens, ajouta-t-elle; « on doit la désirer. Si la vie est une puni- « tion, on doit en souhaiter la fin : si c'est « une épreuve, on doit la demander courte. »

Le gouvernement prit soin de Domingue et de Marie, qui n'étoient plus en état de servir, et qui ne survécurent pas long-temps à leurs maîtresses. Pour le pauvre Fidèle, il étoit mort de langueur à-peu-près dans le même temps que son maître.

J'amenai chez moi madame de la Tour, qui se soutenoit au milieu de si grandes pertes avec une grandeur d'ame incroyable. Elle avoit consolé Paul et Marguerite jusqu'au dernier instant, comme si elle n'avoit eu que leur malheur à supporter. Quand elle ne les vit plus, elle m'en parloit chaque jour comme d'amis chéris qui étoient dans le voisinage. Cependant elle ne leur survécut que d'un mois. Quant à sa tante, loin de lui reprocher ses maux, elle prioit Dieu de les lui pardonner, et d'appaiser les troubles affreux d'esprit où nous apprîmes qu'elle étoit tombée immédiatement après qu'elle eut renvoyé Virginie avec tant d'inhumanité.

Cette parente dénaturée ne porta pas loin la punition de sa dureté. J'appris par l'arrivée successive de plusieurs vaisseaux, qu'elle étoit agitée de vapeurs qui lui rendoient la vie et la mort également insupportables. Tantôt, elle se reprochoit la fin prématurée de sa charmante petite-nièce, et la perte de sa mère qui s'en étoit suivie. Tantôt, elle s'applaudissoit d'avoir repoussé loin d'elle deux malheureuses qui, disoit-elle, avoient déshonoré sa maison par la bassesse de leurs inclinations. Quelquefois, se mettant en fureur à la vue de ce grand nombre de misérables dont Paris est rempli : « Que n'envoie-t-on, « s'écrioit-elle, ces fainéans périr dans nos « colonies ? » Elle ajoutoit que les idées d'humanité, de vertu, de religion, adoptées par tous les peuples, n'étoient que des inventions de la politique de leurs princes. Puis se jetant tout-à-coup dans une extrémité opposée, elle s'abandonnoit à des terreurs superstitieuses qui la remplissoient de frayeurs mortelles. Elle couroit porter d'abondantes aumônes à de riches moines qui la dirigeoient, les suppliant d'appaiser la divinité par le sacrifice de sa fortune, comme si des biens qu'elle avoit refusés aux malheureux, pouvoient plaire au père des hommes ! Souvent son imagination lui représentoit des campagnes de feu, des montagnes ardentes, où des spectres hideux erroient en l'appelant à grands cris. Elle se jetoit aux pieds de ses directeurs, et elle imaginoit contre elle-même des tortures et des supplices ; car le ciel, le juste ciel, envoie aux ames cruelles des religions effroyables.

Ainsi elle passa plusieurs années, tour-à-tour athée et superstitieuse, ayant également en horreur la mort et la vie. Mais ce qui acheva la fin d'une si déplorable existence, fut le sujet même auquel elle avoit sacrifié les sentimens de la nature. Elle eut le chagrin de voir que sa fortune passeroit après elle à des parens qu'elle haïssoit. Elle chercha donc à en aliéner la meilleure partie ; mais ceux-ci profitant des accès de vapeurs auxquels elle étoit sujette, la firent enfermer comme folle, et mettre ses biens en direction. Ainsi ses richesses même achevèrent sa perte ; et comme elles avoient endurci le cœur de celle qui les possédoit, elles dénaturèrent de même le cœur de ceux qui les désiroient.

Elle mourut donc, et ce qui est le comble du malheur, avec assez d'usage de sa raison, pour connoître qu'elle étoit dépouillée et méprisée par les mêmes personnes dont l'opinion l'avoit dirigée toute sa vie.

On a mis auprès de Virginie, au pied des mêmes roseaux, son ami Paul; et autour d'eux, leurs tendres mères et leurs fidèles serviteurs. On n'a point élevé de marbres sur leurs humbles tertres, ni gravé d'inscriptions à leurs vertus; mais leur mémoire est restée ineffaçable dans le cœur de ceux qu'ils ont obligés. Leurs ombres n'ont pas besoin de l'éclat qu'ils ont fui pendant leur vie; mais si elles s'intéressent encore à ce qui se passe sur la terre, sans doute elles aiment à errer sous les toits de chaume qu'habite la vertu laborieuse, à consoler la pauvreté mécontente de son sort, à nourrir dans les jeunes amans une flamme durable, le goût des biens naturels, l'amour du travail et la crainte des richesses.

La voix du peuple, qui se tait sur les monumens élevés à la gloire des rois, a donné à quelques parties de cette île des noms qui éterniseront la perte de Virginie. On voit près de l'île d'Ambre, au milieu des écueils, un lieu appelé LA PASSE DU SAINT-GÉRAN, du nom de ce vaisseau qui y périt en la ramenant d'Europe. L'extrémité de cette longue pointe de terre que vous apercevez à trois lieues d'ici, à demi couverte des flots de la mer, que le Saint-Géran ne put doubler la veille de l'ouragan, pour entrer dans le port, s'appelle LE CAP MALHEUREUX; et voici devant nous, au bout de ce vallon, LA BAYE DU TOMBEAU, où Virginie fut trouvée ensevelie dans le sable, comme si la mer eût voulu rapporter son corps à sa famille, et rendre les derniers devoirs à sa pudeur, sur les mêmes rivages qu'elle avoit honorés de son innocence.

Jeunes gens si tendrement unis! mères infortunées! chère famille! ces bois qui vous donnoient leurs ombrages, ces fontaines qui couloient pour vous, ces coteaux où vous reposiez ensemble, déplorent encore votre perte. Nul, depuis vous, n'a osé cultiver cette terre désolée, ni relever ces humbles cabanes. Vos chèvres sont devenues sauvages ; vos vergers sont détruits ; vos oiseaux sont enfuis, et on n'entend plus que les cris des éperviers qui volent en rond au haut de ce bassin de rochers. Pour moi, depuis que je ne vous vois plus, je suis comme un ami qui n'a plus d'amis, comme un père qui a perdu ses enfans, comme un voyageur qui erre sur la terre où je suis resté seul.

En disant ces mots, ce bon vieillard s'éloigna en versant des larmes, et les miennes avoient coulé plus d'une fois pendant ce funeste récit.

FIN.

L'Approbation et le Privilége se trouvent aux Etudes de la Nature.

www.ingramcontent.com/pod-product-compliance
Lightning Source LLC
Chambersburg PA
CBHW050649170426
43200CB00008B/1214